Bernardin Schellenberger

Im Acker Gottes

Bernardin Schellenberger

Im Acker Gottes

Erfahrungen einer Suche

Herder

Freiburg · Basel · Wien

Herstellung: Freiburger Graphische Betriebe 1983
ISBN 3-451-19993-9

Inhalt

Einleitung

Die Kinder sind beim Abschied sicher, daß der Pater wiederkommen werde. Markus und Simon haben die Straße zum Flughafen gemalt und das Flugzeug, mit dem er fortfliegen sollte. Bei den Umrissen des Flugzeugs haben ihre Väter nachgeholfen, aber die Sonne, die ganz große Tränentropfen weint über dem Flughafen, und die große Wasserlache am Boden, in die die Tropfen plumpsen – Patricia und Kathrin und andere haben sie wirklich geweint –, die haben sie ganz selber gemalt. Und als Wichtigstes die Straße, breit und mit dickem Rand ohne Abzweigmöglichkeit, auf der er vom Flughafen schnurstracks wieder nach Winzingen zurückfahren werde. Und Wenzel stellte sich beim Abschiednehmen draußen vor der Sakristei, als allen zum Heulen zumute war, neben den Pater und rief jedem im Brustton der Überzeugung zu: „Der kommt wieder!"

Dabei hätten sich, auf den Tag genau ein Jahr vorher, kaum zwei fremdere Welten treffen, hätte der Sprung nicht größer sein können: Nach fünfzehn Jahren in den weitläufigen, hohen Hallen eines weltabgeschiedenen Trappistenklosters, nach Studium und einem Leben zwischen Büchern über die Quellen der Mönchsgeschichte und der Mystik über Nacht in das enge Pfarrhaus des schwäbischen Dorfes Winzingen.

Wir hatten als kleine Gruppe ein neues Kloster gründen wollen, intensiver, einsamer, konzentrierter und beweglicher als das bisherige. Aber das Haus, das uns dafür in Aussicht gestellt worden war, stand nicht sofort zur Verfügung, und darum ließen wir uns provisorisch in diesem Pfarrhaus nieder. Mein Mitbruder war am Freitagnachmittag, dem 12. Juni 1981, zum erstenmal in seinem Leben dorthin gekommen. Der Schlüssel für das leerstehende Haus, so wußte er, war in der Post zu erfragen, die gegenüber liege. Als ich am nächsten Tag mittags um halb zwölf dazukam, stand er schon am Küchenherd, und ich weiß noch, daß es Kartoffel-Möhren-Eintopf und zum Nachtisch Erdbeeren gab. Sechs Stunden später sangen wir in einem leeren, rosafarbenen ehemaligen Schlafzimmer, auf dem Boden hockend, die erste Vesper des Dreifaltigkeitsfestes, gregorianisch, mit allen Finessen. In eine Ecke hatten wir einen Hocker und darauf eine Ikone gestellt, davor ein paar Blumen. Damit begann unser „ordentliches" Gebetsleben und unser klösterlicher Tageslauf, so gut wie nahtlos vom großen Kloster her fortgeführt: jeden Tag, zwischen morgens drei und abends acht Uhr, alle paar Stunden eine der sieben Horen des Stundengebets gesungen, mit viel Stille und Besinnung dabei. Rückblickend muß ich sagen, daß es zu viel war, unter den gewandelten Umständen. Wir haben nach einiger Zeit manches daran geändert und verbessert, aber immerhin: nach Aussage fast aller, die teilgenommen haben, war der Stil unseres gemeinsamen Betens das Gelungenste, Überzeugendste an unserem ganzen Versuch.

Das Haus war spärlich mit alten Möbeln versehen, und der letzte Bewohner hatte es zum Abschied mit knallbunten Tapeten ausgestaltet. Aber unser Aufenthalt sollte ja nur kurz sein, höchstens drei Monate. Wir packten die meisten Kartons gar nicht aus, und die ersten Wochen fühlte ich mich wie jemand, der in einem Wartesaal auf Rucksäcken und Koffern kampiert.

Wir kannten keinen Menschen am Ort. Man hatte mir versichert, wir könnten völlig zurückgezogen im Haus leben, und ich sei zu keinerlei seelsorglicher Tätigkeit verpflichtet. Das einzige, was erwartet werde, sei, daß ich hie und da einen Gottesdienst für die Gemeinde hielte. Das hoffte ich gerade noch hinzubekommen, ohne jede Vorübung, denn bislang hatte ich lediglich alle zwei oder drei Monate für eine Woche dem lateinischen Choralamt unseres Klosters als Hauptzelebrant vorgestanden. Und wie predigt man zu „normalen" Menschen auf dem Dorf? Was für Wesen sind Kinder (fünfzehn Jahre war ich keinem Kind begegnet)?

Jemand aus Winzingen hat unsere Ankunft im Dorf so beschrieben: „Und sie zogen von ihrem Kloster aus in eine Wüste, fanden jedoch die Oase Winzingen. Dort stand ein Haus neben einer kleinen Barockkirche. Es war leer. Die Wüstenväter richteten sich anfangs provisorisch ein. Aber wie alle, die das Wüstenleben mit dem Leben in der Oase tauschen, kamen die Wüstenväter mit den Oasenmenschen in näheren Kontakt. Zaghaft zunächst. Sie wurden betrachtet wie solche, die von einem anderen Stern kommen."

Nach zwei Monaten erhielten wir Bescheid, wir müßten auf unser einsames Haus mindestens ein halbes Jahr warten. Wir begannen einige Kartons mehr zu öffnen und die bunten Tapeten durch weiße zu ersetzen. Dann hieß es, wahrscheinlich müßten wir ein Jahr oder mehr Geduld haben. Wir begannen das Haus innen umzugestalten, bis es ein Kloster im Kleinformat mit sieben Mönchszellen, Kapelle, Küche und Refektorium geworden war, alles auf engstem Raum. Und nach und nach lernten wir die Menschen um uns näher kennen. In dem Bericht heißt es weiter: „Allmählich, über die nötigen Einkäufe, wuchs das Vertrauen auf beiden Seiten. Die Wüstenväter schlossen Freundschaften mit den Oasenmenschen. Viel Leben zog ein ins Haus und in das Kirchlein. Doch die Wüstenväter trieb es wieder hinaus in die Wüste. Sie wollten den Konflikt mit dem immer grünen Blühenden meiden und sahen in dem Land, wo Milch und Honig fließt, die Versuchung. Sie ahnten nichts von der Sehnsucht der Oasenmenschen nach dem bißchen Himmel, das die Wüstenväter verkündeten, lebten und mit viel Liebe aussäten."

Wir waren konzentriert auf die vielen Fragen und Sorgen um das Überleben unserer Gemeinschaft bis zum Tag des „eigentlichen" Neuanfangs in unserem einsamen Haus. Unsere Gruppe wuchs zeitweise bis auf vier, fünf Mann und zerbröselte dann wieder. Unmerklich jedoch begann um uns herum ein Leben zu keimen, das wir gar nicht recht wahrzunehmen und einzuordnen verstanden.

Die Menschen des Ortes, die schon sechs Jahre keinen eigenen Pfarrer mehr gehabt hatten, waren derart dankbar für die bloße Anwesenheit eines Priesters und für die Gottesdienste, daß sie uns mit ihrer Liebe förmlich überschütteten, in Form von nahrhaften Gaben und von Zeichen der Sympathie aller Art. Wenn im Lebensmittelgeschäft eine Sendung besonders schmackhafter Weintrauben eingetroffen war, dann ließ bestimmt jemand zwei, drei Pfund davon ins Pfarrhaus schicken, anonym, „weil das den Brüdern sicher Freude macht". Auch durften wir keine allzu abgetragenen Hosen, Schuhe oder Strümpfe anziehen, sonst bekamen wir gleich neue geschenkt. So ging es den zugeknöpften Mönchen wie den Knospen in der warmen Frühlingssonne: sie wurden von der sie überflutenden Wärme und Liebe der Menschen geradezu aufgesprengt.

Unserer Gemeinschaft, deren Aufbau unser Sinnen und Trachten galt, war keine Zukunft beschieden. Aber unfruchtbar war dieses Jahr dennoch nicht. Ein paar Körner dieser Frucht sind hier gesammelt. Es sind einige der Predigten und Erwägungen bei der persönlichen Meditation, aus denen sich, ohne daß ich es merkte, fast ein fortlaufender

Text ergeben hat. Vielleicht wachsen sie hier und dort weiter und schenken Mut zur Aussaat, wecken Zuversicht, daß das Reich Gottes trotz aller Mißerfolge unter uns am Keimen ist, und oft gerade dann, wenn und wie wir es nicht „machen" wollen:

„Der Same keimt und wächst, und man weiß nicht, wie" (Mk 4,27).

Mitleid mit den Menschen

2. August 1981, Predigt zum 18. Sonntag i. J./A
Matthäus 14, 13–21

In Winzingen leben zu dürfen, ist ein Geschenk. Kein Wunder, daß an diesem Ort viele neue Siedler gebaut haben. Im Vergleich zu den großen Städten ist hier in dieser anmutigen Gegend das Leben noch ruhig und in Frieden. Und auch die Menschen sind ruhiger, friedlicher, ausgeglichener. Welch ein Unterschied, wenn man nur nach Schwäbisch Gmünd, Göppingen oder gar Stuttgart fährt und dort für einige Stunden im Getümmel der Innenstadt umhertreibt wie ein Schiffbrüchiger! Geht es Ihnen auch so, daß Sie dann wieder gern in die Winzinger Ruhe zurückkehren, in die vertraute Umgebung? Und die vielen Menschen, die vielen Unbekannten, die an einem vorbeilaufen!

– „Als Jesus aus dem Boot ausstieg", wo es still und ruhig gewesen war, „und die vielen Menschen sah, hatte er *Mitleid* mit ihnen."

Da ist Jesus nun *anders* als wir. Wir fühlen uns eher abgestoßen und halten uns heraus aus dem Getümmel. Oder es gibt manchen, dem die Ruhe unheimlich ist, und er stürzt sich hinein ins brodelnde Leben der Großstadt oder in den Lärm aus

Radio und Lautsprecher, um sich zu betäuben und um zu sein wie alle Welt.

Jesus stürzt sich nicht in die Menge. Er sucht eine einsame Gegend, um allein zu sein. Er möchte in der Stille zu sich selbst und zu Gott kommen. Aber er gerät trotzdem in die Menschenmenge hinein. Und da ärgert er sich nicht, und er geht auch nicht einfach darin auf, sondern er hat *Mitleid* mit diesen Menschen. Er spürt, in welcher Not sie sind, und das tut ihm weh, und er versucht zu helfen.

Das ist der Grund der Menschwerdung Gottes: Gott wollte mit uns leiden. Er hatte Mit-leid mit uns Menschen.

„Und Jesus heilte die Kranken, die bei ihnen waren", heißt es im Evangelium. Uns ist es nicht gegeben, Wunder der Krankenheilung zu wirken. Aber uns ist es gegeben – als Gabe und als Auftrag –, *Mitleid* mit den Menschen um uns herum zu haben.

Ich denke, das ist *die* Grundhaltung, die uns Jesus vorlebt: nicht das Kritisieren der Menschen, nicht Vorwürfe, nicht Ärger, nicht Überheblichkeit, nicht Besserwissen und nicht abfälliges Urteilen, sondern das *Mitleid* mit den Verirrten, mit den Richtungslosen und Haltlosen, mit denen, die da herumstolpern und nach außen hin fröhlich und unbeschwert das Leben genießen und, wie es in der Lesung heißt, „mit Silber das bezahlen, was nicht nährt, und mit ihrem Verdienst das, was nicht sättigt" (Jes 55,2). Wir *selbst* sind ja immer wieder ein Stück weit oder ganz so und bedürfen des Mitleids, sind darauf angewiesen, daß uns ein anderer an der Hand nimmt und sagt: „Ich bin ja bei dir. Und ich lasse deine Hand nicht los."

Ja, das ist das Geschenk Gottes an uns: dieses Wissen: einer ist *bei* mir. „Was kann uns scheiden von der Liebe Christi?", fragt deshalb Paulus. „Bedrängnis oder Not oder Verfolgung, Hunger oder Blöße, Gefahr oder Schwert? All das überwinden wir durch *den,* der uns geliebt hat" (Röm 8,35.37).

Schon im Alten Testament ist das die tiefste, die für uns Menschen wichtigste Offenbarung Gottes gewesen. Gott hat dem Mose in der Wüste aus dem Dornbusch gesagt: „Ich kenne euer Leid. Ich bin der ‚Ich-bin-da' für euch" (Ex 3,7.14). Darum konnte schon der Psalmendichter beten: „Muß ich auch wandern in finsterer Schlucht, ich fürchte kein Unheil, denn du bist bei mir. Dein Stock und dein Stab geben mir Zuversicht" (Ps 23,4).

– „Als Jesus die vielen Menschen sah", zu denen wir gehören, „hatte er Mitleid mit ihnen."

Wenn *wir* die vielen Menschen sehen, die in geistiger oder materieller Not sind, dann neigen wir dazu, sie fortzuschicken, damit sie sich anderswo etwas zu essen beschaffen: bei den Einrichtungen, die dafür da sind, bei denen, die dafür ausgebildet sind, oder sonstwo, nur nicht bei uns. Jesus antwortete den Jüngern damals, und er antwortet *uns* heute: „Sie brauchen nicht wegzugehen. Gebt *ihr* ihnen zu essen."

– „Was? Wir?" ist dann unsere spontane Reaktion.

Ich habe doch selbst nichts, ich bin doch selbst arm dran, ich kann doch nichts hergeben von meinem bißchen Geist und meinem bißchen Geld (denn auch der Reichste hat den Eindruck, er habe erst ein bißchen), ich kann doch nichts hergeben von meinen fünf Broten und zwei Fischen.

Doch, du kannst es, sagt Jesus. Ein Armer kann einem Armen unter Umständen sogar besser helfen als ein Reicher: er kann ihm nicht viel Geld schenken, aber er kann ihm sein Mit-leid schenken. Er kann ihm sagen: Komm, du bist nicht allein. Und sobald einer, der das Gefühl hat, selbst nichts zu haben und zu sein, anfängt, trotzdem auszuteilen und für andere dazusein, dann geschieht immer wieder das Wunder der fünf Brote und der zwei Fische: er teilt aus und teilt aus und teilt aus, und er wird dabei nicht ärmer, sondern selbst immer reicher.

Versuchen Sie das einmal selbst, liebe Schwestern und Brüder, machen Sie das Experiment: Seien Sie für einen anderen Menschen da, gerade dann, wenn Sie selbst jemanden brauchen würden. Schenken Sie einem anderen etwas, gerade dann, wenn Sie selbst etwas brauchen könnten. Sie werden sehen, daß das nicht nur geht, sondern daß Sie dadurch selbst beschenkt werden, nach dem Wort des Herrn: „Selig die Barmherzigen, denn sie werden Erbarmen finden" (Mt 5,7).

Auf diese Weise hat Jesus unter den Menschen gewirkt, und dazu hat er seine Jünger angeleitet: er hatte *Mitleid* mit allen Menschen und, obwohl er selbst arm und einsam in dieser Welt war, hat er andere reich gemacht und ihnen Gemeinschaft geschenkt, und das ist: Erlösung. Das ist das Wunder der armen Gaben, die man weitergibt. Und wo nur Not gewesen war, da aßen alle und wurden satt, und am Ende blieb sogar noch zu viel übrig.

Was uns Gott zumutet und verspricht

30. August 1981, aus der Predigt zum 22. Sonntag i. J./A
Matthäus 16, 21–27

In diesem Evangelium steht nicht viel Ermutigendes, außer dem Schlußsatz, der uns eine Belohnung im Jenseits verspricht. Jesus kündet an, er werde in Jerusalem leiden und werde getötet werden, und dann werde er auferweckt. Petrus versucht, ihm solche Gedanken auszureden: „Das soll Gott verhüten, Herr! Das darf mit dir nicht geschehen!" (Mt 26, 22). Petrus denkt da so ganz menschlich wie wir. Er bezieht durchaus *Gott* in sein menschliches Denken mit ein: „Das soll Gott verhüten, Herr!"

Er stellt sich Gott als den großen Verhüter vor, der uns Schweres erspart. Das erwarten auch wir immer wieder von Gott. Die Antwort Jesu ist erschreckend: „Weg von mir, Satan! ... Du denkst nicht, was Gott will, sondern was die Menschen wollen."

Das (heutige) Evangelium sagt uns also: Gott denkt ganz *anders* als wir Menschen. Er ist kein bequemer Lebenserleichterer. Er mutet uns einiges zu.

Was mutet uns Gott zu? Er mutet uns unser Leben zu, unser schweres Leben, unsere Schwierigkeiten und unsere Lasten im Leben. Jesus sagt es so: „Wer mir nachfolgen will, verleugne sich selbst“ – das heißt: denke überhaupt nicht mehr an sich selbst und wie gut oder wie schlecht es ihm geht – „und nehme sein Kreuz auf sich: dann folge er mir nach. Denn wer sein Leben retten will, wird es verlieren; wer aber sein Leben um meinetwillen verliert, wird es gewinnen.“

Das ist keine Frohe Botschaft, sondern eine Forderung, ein schwerer Anspruch. Und doch steckt darin eine Frohe Botschaft. Sie wird deutlich, wenn wir etwas weiterdenken und die Folgerung aus dieser Lebensregel ziehen.

Wenn du dein Leben retten willst, Schwester oder Bruder, und wenn du dann merkst, daß du es verlierst – und du wirst es unausweichlich verlieren, spätestens in deiner Todesstunde, und schon hundertmal vorher in vielen kleinen Toden, in vielen Ereignissen, die anders laufen, als du sie haben möchtest. Wenn du also merkst, daß du dein Leben verlierst, und wie es dir zwischen den Händen zerrinnt, und wenn du dann nicht verbissen trotzdem daran festhältst und dich im Eigensinn trotzig verhärtest, sondern wenn du dann auf Jesus Christus schaust und siehst: Ihm ist es genauso gegangen; und wenn du dann sagst: Herr, dir ist es auch so gegangen, und du warst Gottes Sohn, und nun werde ich dir ganz ähnlich. Und von dir weiß ich, daß bei dir der Tod nicht das Letzte war: Und darum klammere ich mich jetzt einfach an dich und sage Ja zu allem Schweren und zu allen Toden: dann kann in deinem Herzen *jetzt* schon, hier und heute, eine neue Freiheit, ein neues Glück aufwachen und immer größer werden, und dann wirst du fähig, alles loszulassen und, wie der heilige Paulus sagt, alles als Müll und Abfall anzusehen, weil die Begegnung mit Jesus Christus in seinem Leiden und Sterben alles übertrifft. Ja, bei Paulus ist aus dem Übel ein *Wunsch* geworden; er hat sich schließlich das *gewünscht,* wovor wir Menschen *fliehen:* „Christus will ich erkennen und die Macht seiner Auferstehung und die Gemeinschaft mit seinen Leiden; sein Tod soll mich prägen. So hoffe ich, auch zur Auferstehung von den Toten zu gelangen" (Phil 3,10–11).

Wer das erfaßt, der ist, wie Paulus an einer anderen Stelle sagt, „schon *jetzt* vom Tod ins Leben hinübergegangen" und erfährt, was es heißt, *erlöst* zu sein.

Was ist also die *Frohe* Botschaft des heutigen Evangeliums?

Daß wir mit allem Schweren, das wir zu tragen haben, jeder auf seine Art, schon näher an Jesus Christus und näher an der Erlösung sind, als wir ahnen, und daß es nur noch darum ginge, daß wir die Augen aufmachen und sehen: ich bin schon ein ganzes Stück weit hineingenommen in sein Schicksal; und wenn ich Ja dazu sage und das nicht nur murrend ertrage, sondern als *Gnade* annehme und trage, dann geht mir immer mehr der gute, der sinnvolle Sinn meines Lebens auf.

Gott setzt an die Stelle seiner selbst die Welt

15. September 1981

Maria unter dem Kreuz: der, dem ihr Leben ausschließlich gehört hat, wird ihr genommen. Ihre innerste Mitte, der Sinn, wird ihr entrissen. Das ist tiefste, letzte, radikalste Leere, die nur Gott selbst bewirken kann; man darf sie nicht selbst suchen. Und Jesus verweist sie in dieser Stunde an Johannes, seinen Freund: „Frau, siehe, dein Sohn!" (Joh 19,26.) Dort, wo bisher er stand, soll jetzt sein Freund stehen, soll jeder stehen, der ihn liebt. Gott selbst setzt an die Stelle Gottes die Welt, die an Gottes Statt mit göttlicher Liebe geliebt werden soll.

Das klingt reichlich „horizontalistisch", ist es aber nicht. Nicht ich, der Mensch, darf an die Stelle Gottes die Welt setzen. Ich darf und will einzig und allein *Gott* suchen, will einzig und allein *Christus* nachfolgen, um mit ihm eins zu werden.

Aber am Kreuz, dort, wo ihn der Vater verlassen hat, dort wo er die Mutter verlassen hat, da verläßt Gott auch mich. Dort nimmt er mir alles, was ich bin und was ich habe – nicht nur alles Egoistische, alles „Weltliche", alles, was mich hindert zu ihm, sondern gerade auch alles, was ich im Glauben, in der Erfahrung seiner Nähe bin und was ich habe; alles, worauf ich in radikalem, kompromißlosem Glauben letztlich mein Leben gegründet hatte: Ihn selbst. Dort setzt *Gott* an die Stelle Gottes die Welt, damit ich sie mit seiner Liebe liebe. Und wahrscheinlich „sehe" und „habe" ich ihn dann deshalb nicht mehr, weil er mir zu nahe, zu innerlich ist, als daß ich ihn – mir gegenüberstehend – „sehen" und „haben" könnte.

„Was er war, dessen soll sich der Christ nicht mehr erinnern (Eph 4,17–22), was er sein wird, ist noch nicht offenbar (1 Joh 3,2). Der Raptus der Gnade, der ihn der Erde entreißt und in den Himmel versetzt, ist wie ein Entzug des Bodens und der lebensnotwendigen Luft, und die ‚Einwurzelung und Festgründung in der Liebe' (Eph 3,17) kann ihm in der Nacht des Glaubens als reine Utopie erscheinen, die täglich von der brutalen Realität widerlegt wird. Für die Welt und sogar für ihn selbst kann sein gleitender Übergang wie ein Mangel an Stand, ein Hängen im Leeren erscheinen, und die Zumutung, an einem solchen Un-Ort zu verweilen, wie eine absolute Überforderung."
(Hans Urs von Balthasar, Christlicher Stand, S. 176)

Die Welt und wir

22. September 1981

Lange vor Tagesanbruch bin ich über die Höhen gewandert und habe mich im Finstern auf die Bank am Heldenberg droben gesetzt. Zuerst konnte ich nichts sehen als die Lichter der zwischen die Hügel gebetteten Orte und die Scheinwerfer der Autos. Eine rote Kette von Rücklichtern perlte unablässig auf der Straße Gmünd–Göppingen nach Donzdorf hinein. Ein stetes Brummen der Motoren vom Tal her, dazu der Wind in den herbstlichen Bäumen. Und immer mehr lag dieses kleine Stück Welt im Morgenlicht offen vor mir. Die Hügel schälten sich aus dem Dunkel, die Straßenlampen erloschen, Morgendunst kroch zwischen die Hügel. So sitze ich hier über dieser kleinen Welt und spüre, daß ich sie liebe. Ich verstehe mich wie ein bestellter Wächter und Warter, nicht über sie, sondern für sie. Derweil die Menschen in ihren Autos zur Arbeit fahren, suche ich für sie den Horizont ab und warte für sie auf den, der da kommen soll, und den auch sie suchen, selbst wenn es ihnen nicht mehr bewußt ist.

Gerade hat der flache Strahl der Morgensonne die Hügel am Horizont mit einer rostroten Schicht überzogen, und ein Fernsehturm, bislang unsichtbar, leuchtet jäh auf wie eine glühende Nadel. Zwei Minuten später ist alles wieder in einem grauen Dunst erloschen, der Fernsehturm verschwunden.

Ich mache mir Gedanken über die Beziehung der Mönche zur Welt, weil ich darüber im November eine Meditation halten soll.

Der Grundgedanke wird sein müssen, daß wir *selbst* „Welt" sind. Um das zu entdecken, bedarf es der zeitweisen „Trennung von der (äußeren) Welt": wir müssen symbolisch und physisch *das* tun, was wir viel wesentlicher *in* uns selbst tun müssen. Weil die Welt des Geistes und des Geistlichen für uns zunächst etwas Nebulöses und ziemlich Unbekanntes ist, müssen wir (wie Bernhard sagt) „im Fleisch" anfangen, im Zeichen, im Äußeren. Das hilft uns (wenn es gut geht), eine ähnliche Bewegung *in* uns selbst zu vollziehen. Wir entdecken, daß all das, von dem wir uns in einem ersten Schritt nach außen hin abzugrenzen versucht haben, in uns selbst steckt. Wir *selbst* sind böse, zu überwindende Welt – und zugleich liebenswerte, liebenswürdige und tatsächlich geliebte Welt. In dem Maß, in dem wir lernen, uns *selbst* als sündige, gefährdete, versuchte, gefährliche Welt, und zugleich und trotzdem von Gott geliebte und von Jesus Christus erlöste Welt zu erkennen und anzunehmen, in dem Maß *lieben* wir auch wieder die Welt um uns und entdecken, daß sie gar nicht so schlecht ist, wie wir zunächst gemeint hatten – oder jedenfalls, daß sie nicht *nur* schlecht, sondern auch liebenswürdig ist.

Entdecken wir das nicht, so bleibt alles Böse und Gefährliche in der Welt, gegen das wir uns abschirmen, für uns zum großen Teil eine Projektion unserer eigenen unentdeckten und unbewältigten Schwäche, unserer Versuchungen, Ängste, Gefährdungen.

Entdecken wir das, dann gehen wir immer mehr mit einer Haltung der Sympathie auf die Welt zu, als schutzlose Toren, die in einem Leichtsinn der Liebe vertrauen, aller Haß und alle Aggression seien nur von der Sonne der Liebe zu schmelzen. Vielleicht kommen wir dann auch um wie Jesus. Aber dann sterben wir in das endgültige Leben hinein.

Ich bin weitergepilgert bis in die Pfarrkirche von Nenningen und sitze seit einer Stunde vor der Pietà, mit dem Buch „Die dunkle Nacht der Seele", das ich vor kurzem von Elisabeth Ott geschenkt bekam. Ich verweile bei einigen Zitaten aus diesem Buch. „Begehrt man eine Liebe, die die Seele vor Verwundungen schützt, so muß man etwas anderes lieben als Gott" (Marie Noël, bei Ott S. 76). „... Und so ging in diese Tiefe die einzige große Reise meines Lebens, mein Abstieg in die Abgründe, mein Abenteuer, meine Gefahr. Dahin mußte ich gehen, um heimzukehren, mit menschlichen Schicksalen belastet, statt allezeit rein und eingelullt in meinem Garten zu bleiben" (ebd. S. 77).

„Es geht dabei um Erfahrungen, die in jedem Menschen bereitliegen, verborgen auf dem Grund seiner Seele; aber nur wenige Christen sind willens, fähig, berufen oder gezwungen, in solche Tiefe zu tauchen" (E. Ott S. 78).

„Das Kreuz ist keine Erklärung, nur ein Zeichen, das Zeichen einer Konformität, die nichts erklärt, die einfach da ist" (F. Mauriac).

Ja zum Armsein

5. Oktober 1981, Ansprache in einer Begräbnismesse

Selig bist du jetzt, Barbara Barth, denn du bist jetzt arm vor Gott, und denen, die arm vor Gott sind, hat der Herr gesagt, gehört das Himmelreich. Ja, ganz arm, bitter arm bist du nun geworden vor Gott, ein winziges Häuflein Asche bist du geworden.

Und selig seid ihr, liebe Schwestern und Brüder, die ihr trauert, denn, so hat der Herr gesagt, die Trauernden werden getröstet werden. Plötzlich ist das wieder einmal wahr geworden, was sonst immer so ein bißchen weit weg klingt, und was wir aus unserem Alltagsleben heraushalten. Wahr ist es geworden und handgreiflich, daß der Mensch nichts ist als ein Häuflein Staub und Asche, eine Blume, die heute blüht und morgen schon verwelkt. Vor ein paar Tagen haben wir die Frau Barbara Barth noch unter uns gesehen, und nun ist sie weg, unwiderruflich fort von uns.

Man sagt, in unserer heutigen Zeit seien die Menschen nicht mehr so recht zum Trauern fähig, und auch nicht mehr so recht zur Freude. Leid und Tod werden aus der Öffentlichkeit verdrängt und steigen durchs Fernsehen in der Form von Schrekkensbildern und Gewalttätigkeiten wieder ins Haus, und Freude und Glück werden am laufenden Band künstlich produziert und rieseln pausenlos aus allen Kanälen auf die Menschen nieder. Und dazwischen sitzen sie, die Menschen, und können nicht mehr recht trauern und nicht mehr recht froh sein und wissen gar nicht mehr, wie arm sie sind.

In dieser Art Armut sind sie nicht froh und selig zu preisen, denn das ist eine lebensgefährliche Armut. Die wahre Armut, die uns zu Erben des Himmelreichs macht, ist die bewußt gesehene und angenommene Armut.

Und darum, liebe Schwestern und Brüder, wollen wir offenen und mutigen Auges sehen, wie *arm* der Mensch ist, und wir wollen den Mut zur echten *Trauer* haben. Nur wer weinen kann, der kann auch wirklich lachen. Und wer bewußt weint, der wird auch wirklich etwas zum *Lachen* haben.

Wie arm ist der Mensch! Da mag er aufhäufen, was er will – sein letztes Hemd hat keine Taschen. Nackt ist er geboren, nackt kehrt er zur Erde zurück. Er kann sich bis zuletzt dagegen stemmen – es wird ihm nichts helfen. Er kann es sehen und annehmen – und das wird ihm helfen.

Ich denke, unsere Frau Barbara Barth hat das getan. Sie hat gewußt, daß sie arm ist vor Gott, und daß es letztlich keine Sicherheit gibt als ihn. So hat sie oft im Gottesdienst den gesucht, der uns als einziger etwas schenken kann, was bleibt. Sie hat oft das Leiden und Sterben dessen mitgefeiert, auf dessen Tod sie getauft war. Und sie hat geglaubt: Wenn ich mit Christus sterbe, wenn ich mit Christus diese letzte Armut des Todes annehme, dann werde ich auch mit ihm leben, dann werde ich auch mit ihm reich werden, mit einer Art Reichtum, den kein Rost und keine Motten verzehren können und den kein Krematorium verbrennen kann.

So etwas lernt man nicht ganz schnell noch fünf Minuten vor zwölf. Ein solches Ja zum Armsein vor Gott will ein Leben lang eingeübt sein. Ein solches Hinausblicken über die Mauern des scheinbar so sicheren eigenen Besitztums will geübt werden, je früher, desto besser. Ein solches Loslassen alles Irdischen will ein Leben lang geübt sein im Dasein für andere, wie Frau Barth oft für die Kinder ihrer Umgebung da war, im Hergebenkönnen von Liebem und Gewohntem.

Und so wollen auch wir jetzt dieses Hergeben üben: indem wir sie selbst, unsere liebe Verstorbene, ganz *hergeben* an Gott, im Vertrauen, daß er sie aufnehmen wird in seine ewige Freude, und im Vertrauen, daß sich die Armut und Verarmung, die ihr Weggang für ihren Mann und für die Menschen in ihrer Umgebung bedeutet, wandeln wird in eine Freude, die *bleibt.* Denn „selig, die vor Gott arm sind; denn ihnen gehört das Himmelreich. Und selig, die trauern, denn sie werden getröstet werden".

Unsere Armut ist das Unterpfand unseres Reichtums

1. November 1981, Predigt zum Allerheiligenfest

Der Herbst ist die Zeit der Ernte. Wir haben erst vor einigen Wochen die Früchte der Felder, Gärten und Bäume hier vor den Altären ausgebreitet, als Zeichen für alle Frucht, die in diesem Jahr für uns gereift ist, für alle Gaben der Erde und des Leibes. Und heute feiern wir Allerheiligen, das Erntedankfest der Kirche für alle Gaben des Geistes.

Alle Heiligen: Das sind die Ausgereiften, die Vollendeten, die Sieger, die Helden im Reich Gottes. So scheint dieses Fest Allerheiligen etwas von

einer Sieger-, einer Heldenehrung an sich zu haben. Und wie sich's für eine Siegerehrung gehört, werden auch die Leistungen, die Heldentaten, die Rekorde unserer Heiligen aufgezählt. Wir haben sie im Evangelium gehört. Unsere Heiligen haben es fertiggebracht,
– arm vor Gott zu sein;
– zu trauern;
– keine Gewalt anzuwenden;
– nach der Gerechtigkeit zu hungern und zu dürsten;
– barmherzig zu sein;
– ein reines Herz zu haben;
– Frieden zu stiften;
– um der Gerechtigkeit willen verfolgt zu werden;
– um Christi willen beschimpft und verfolgt und auf alle mögliche Weise verleumdet zu werden.

Das ist eine recht seltsame Liste von Heldentaten. Wir sind von Siegerehrungen und Olympiaden und Nachrufen und ehrenvollen Todesanzeigen her anderes gewöhnt, was man in diesem Zusammenhang aufzählt: wirkliche Leistungen; Taten und Ergebnisse, die sich sehen lassen können. Zu was haben es die Heiligen gebracht, die wir heute feiern? Da heißt es nicht: „Selig die vor Gott reich sind. Selig, die alles Traurige und Beschwerliche hinter sich gelassen haben. Selig, die sich durchgesetzt haben im Leben. Selig, die immer satt und wohlversorgt waren."

Nein, gerade das Gegenteil von all dem hat sie ausgezeichnet: die Armut, die Trauer, die Gewaltlosigkeit, der Hunger und Durst, das Verkanntwerden. Es ist für uns gar nicht so einfach, darin ein Ideal für uns selbst zu sehen, etwas, was wir nachmachen und teilen möchten. Denn unsere Wertmaßstäbe, unsere Ziele, unsere Grundsätze laufen genau in die entgegengesetzte Richtung. Und wir erkennen daran, wie sehr wir noch, wie das im Neuen Testament genannt wird, „alte Menschen" sind, irdisch gesinnte Menschen, die noch kaum etwas begriffen und noch weniger verwirklicht haben von den ganz anderen Maßstäben des Evangeliums.

Was soll ich nun daraus für Schlüsse ziehen, liebe Schwestern und Brüder, heute, in dieser Festpredigt an diesem Fest Allerheiligen? Soll ich Ihnen noch deutlicher vor Augen führen, was ich gerade schon getan habe: wie ganz anders die Heiligen eingestellt waren als wir Normalverbraucher und Allerweltschristen; und wie himmelhoch sie deshalb über uns stehen?

Nein, das will ich nicht tun, denn das würde Ihnen wenig helfen. Ich denke, wir können die Dinge auch von der anderen Seite her sehen, ohne ein Jota von der Wahrheit abzuweichen; wir können sehen, wie *nahe* uns die Heiligen im Grunde sind.

In diesen Seligpreisungen der Heiligen in der Bergpredigt wird nichts genannt, was uns grundsätzlich fremd und unerreichbar wäre, nichts Übermenschliches und Großartiges, an das nur außergewöhnliche Menschen heranreichen könnten. Im Gegenteil: da wird all das aufgezählt, was jeder von uns aus eigener Erfahrung kennt, auch wenn er es nicht gern kennen mag, und wenn er es am liebsten aus der Welt schaffen, oder doch überspielen oder verdrängen oder verleugnen möchte:

Selig, die arm sind vor Gott;
selig, die trauern,
selig, die keine Gewalt anwenden – sei's nun, daß sie's nicht *können* oder daß sie's nicht *wollen;*
selig, die hungern und dürsten nach der Gerechtigkeit;
selig, die barmherzig sind;
selig, die verfolgt, verkannt, nicht verstanden werden.

Ist etwas darunter, was einem von uns ganz fremd, ganz unbekannt wäre, ganz unerreichbar? Und ist folglich einer unter uns, der keinerlei Anteil hätte an diesen Seligpreisungen der Heiligen?

Ja, das ist die Frohe Botschaft dieses Allerheiligenfestes und dieses Evangeliums von der Bergpredigt: ihr alle tragt schon ein ganzes Stück weit die Anlage, die Gabe, das Pfand, den Anfang zum Heiligwerden, zur Erlösung, zur Seligkeit in euch. Und diese Anlage, diese Gabe, dieses Pfand, dieser Anfang sind nicht eure Tugenden und eure großartigen Leistungen und Vollkommenheiten, sondern eure Armseligkeiten, eure Schwächen, eure Sehnsucht, euer Hunger und Durst, eure Trauer.

Wenn ihr vor all dem, was in euch weint und wartet, was unerfüllt und unzufrieden ist, was rastlos sucht und sich sehnt, nicht fliehen; wenn ihr all das nicht betäuben und überspielen würdet; wenn ihr den Mut hättet, *vor* eure Fassaden und Mauern und Vorgärten zu treten und ganz schlicht und einfach der arme, bangende, suchende, unerfüllte Mensch zu sein, der ihr doch im Grunde seid: dann wäret auch ihr nicht weit vom Reiche Gottes. Dann würden sich eure verkrampften, zappelnden Hände lösen zum schlichten Empfang der Gabe Gottes; dann würde in eurem Miteinander alle Heuchelei und Falschspielerei, alles Schwindeln und alle Gewalttätigkeit aufhören, und es würde *Frieden* werden zwischen euch, denn keiner müßte mehr in der Sorge und Unruhe leben, besser als der andere dazustehen.

Kurz: um selbst wie die Heiligen zu werden, müßtet ihr gar nicht sehr viel anders werden. Ihr müßtet zunächst nur einmal den Mut haben, die zu sein, die ihr zutiefst schon lange seid. Denn was ist dieser Mensch, was sind Sie, was bin ich vor Gott? Ein Sünder, der zum Heiligen berufen ist. Ein Armer, der zum Reichwerden berufen ist.

Neulich wurde ich zum Versehgang an das Bett einer todkranken alten Frau gerufen. Hilflos und unfähig zu sprechen lag sie in ihrem Bett. Als wir ihr das Sakrament der Krankensalbung spendeten, mußte ich unwillkürlich an die Taufe eines Säuglings denken. Das war die gleiche Situation: am Anfang und am Ende der hilflose Mensch im Kissen, der vom Glauben seiner Schwestern und Brüder umgeben und getragen und Gott in die Hände gelegt wird. Und dazwischen? „Unsere Mutter hat nicht viel Schönes im Leben gehabt. Ein Leben lang hat sie schaffen und sparen und sich sorgen müssen, und jetzt liegt sie da, und alles, was sie braucht, ist ein bißchen Tee", hat mir die Tochter gesagt.

Das ist der Mensch. Das ist der Selige der Bergpredigt, der Arme, der Durstige, der Hilflose. Seine Armut, sein Durst, seine Hilflosigkeit machen ihn nicht automatisch selig; das wissen wir alle aus eigener Erfahrung. Seine Armut, sein Durst, seine Hilflosigkeit machen ihn selig, wenn er das *annimmt,* wenn er es bewußt umwandelt und hinhält vor Gott als Gebet, als Schrei, als Sehnsucht: das ist die ganze Kunst des Heiligwerdens. Jeder von uns hat das Werkzeug dazu in der Hand, denn jeder von uns ist auf seine Weise gesegnet mit Armut, mit Trauer, mit Hunger und Durst.

Und so ist das Fest Allerheiligen nicht nur das Fest derer da droben auf den Podesten und an den Wänden unserer Kirchen, sondern es ist unser aller Fest. Und wir feiern in der Kirche, in der Gemeinschaft aller Heiligen diesen Tag als *unseren* Tag und danken Gott, daß es uns gibt und daß er uns liebt.

Ganz schön sein

8. Dezember 1981, Predigt zum Fest Mariä Unbefleckte Empfängnis

„Ganz schön bist du, Maria!", heißt es in einigen Gesängen des kirchlichen Stundengebets zum heutigen Fest, und als „wunderschön prächtige, hohe und mächtige" Frau besingen wir sie in einem unserer Kirchenlieder. Ja, wir feiern heute, daß Maria ganz schön ist. Sie ist der Mensch mit der vollkommensten Schönheit, die wir uns überhaupt vorstellen können. Und darum wollen wir ein wenig betrachten, was das heißt, daß ein Mensch, eine Frau ganz schön ist.

Man sagt es vor allem den Frauen und den jungen Mädchen nach, daß für sie das Schönsein ein ganz wichtiges Thema sei. Aber im Grunde genommen will *jeder* Mensch *schön* sein. Selbst der Pater und die Ministranten haben gerade noch in der Sakristei in den Spiegel geschaut, ob sie ordentlich, ob sie schön aussehen.

Was heißt das eigentlich: „schön sein"? Es heißt: in Ordnung, in Harmonie sein. Es heißt: *ganz* sein, aus *einem* Guß sein; so beschaffen sein, daß es für andere eine Freude ist, das anzuschauen; daß da etwas ausstrahlt und anziehend macht; daß da etwas voll und ganz liebenswürdig ist. Junge Mädchen mögen davon träumen, so wunderschön zu sein, daß ihnen alle Leute nachschauen und sie bewundern. Und sie versuchen mit vielen Mitteln, diesem Schönsein nachzuhelfen. Aber da kenne ich mich im einzelnen nicht so aus. Die meisten von Ihnen, die Sie hier sitzen, sind Frauen und sind oder waren einmal jung, und deshalb wissen Sie das alles viel besser. Ich weiß nur dies: daß es einem Menschen von sich aus nie gelingt, sich *ganz* und vollkommen schön zu machen. Und wenn es ihm einmal fast gelingen sollte, dann hält das nicht lange, sondern bald muß er sich wieder abschminken, und garantiert wird er älter, und er verblüht wie die Blume auf dem Feld.

Und doch: ganz falsch ist diese Sehnsucht nicht, vollkommen schön zu sein. Am heutigen Fest wird uns Maria als Idealbild einer vollkommenen Schönheit vorgestellt. Und wir beten unzählige Male: „Du bist voll der Gnade"; im Lateinischen heißt das: „gratia plena", und dieses Wort „gratia", das man gewöhnlich mit „Gnade" übersetzt, kann man tatsächlich auch mit „Grazie", das heißt mit „Anmut", „Schönheit" übersetzen. „Gnade" ist „Schönheit", Gnade macht schön. „Gegrüßet seist du, Maria", heißt das dann, „du bist voll der Grazie; du bist reine Anmut; du bist die Schönheit in Person".

Du bist die „Immaculata", heißt es am heutigen Fest, die Makellose. Und wir wissen: Maria ist der einzige Mensch, dem diese Gnade geschenkt ist: makellos zu sein, reine Schönheit in Person.

So hatte sich Gott alle Menschen gedacht. Er wollte sie alle erschaffen als sein Bild und Gleichnis, lesen wir auf den ersten Seiten der Heiligen Schrift. Die Menschen sollten vollkommene Abbilder seiner Schönheit werden; sie sollten vor Schönheit strahlen wie die Sonne und sich aneinander unendlich freuen. Jeder Mensch sollte für den anderen Menschen ein Spiegel der Schönheit Gottes sein. Jeder Mensch sollte für den anderen Menschen ein Liebesbrief von Gott sein.

In jedem Menschen ist auch noch eine Spur dieser ursprünglichen Absicht Gottes übrig. Und alles Schönseinwollen ist ein ferner Nachhall dieser ursprünglichen Bestimmung des Menschen, ganz schön zu sein, ein Abglanz der Schönheit Gottes zu sein. Deshalb ist das im Grunde genommen ganz gesund und richtig, wenn ein junges Mädchen, wenn eine Frau schön sein will, und wenn die Männer und Burschen auf ihre Weise etwas darstellen wollen. Ein schöner Mensch, ein anmutiges Gesicht ist auch heute noch ein Geschenk Gottes und will uns an Gott, an den Quell und Ursprung aller Schönheit, erinnern.

Aber wir wissen aus eigener Erfahrung: da schleicht sich meistens ein kleiner oder sogar ganz großer Fehler ein: daß diese Schönheit nicht mehr auf Gott hin durchsichtig ist und es gar nicht mehr sein will, sondern daß sie die Aufmerksamkeit auf sich selbst ziehen will, und es auch immer wieder tut. Kaum ein junger Mensch wird schön sein wollen, um die Menschen an Gott zu erinnern. Er möchte auf sich selbst aufmerksam machen. Das ist normal. Aber es ist zu wenig, zu eng, zu kurzsichtig. Das ist gewöhnlich nicht schlecht, und ist auch nicht Sünde, aber es weist in die Richtung dessen, was „Sünde" ist. Sünde ist immer Ablenkung von Gott. Sünde ist eine Horizontverengung auf das bloß Menschliche. Sünde meldet sich überall dort an, wo die Welt nicht mehr durchsichtig ist auf Gott hin, sondern wo die Welt sich zwischen Gott und uns stellt, wo sie unseren Blick von Gott abwendet, wo sie unsere Aufmerksamkeit auf sich selbst, und nur auf sich selbst zieht. Wo sie behauptet: *Ich* kann dich unendlich glücklich machen. Wenn sie unsere

Faszination dann ganz an sich bindet und wenn wir uns davon binden lassen und überhaupt nicht mehr weiter sehen wollen, und wenn es dabei bleibt, dann fängt *Sünde* an; und sie bringt in ihrem Gefolge auch immer gleich die Enttäuschung mit, weil sie das unendliche Glück, das sie verspricht, nicht wirklich schenken kann.

Es gibt schöne Menschen, die für Gott durchsichtig sind. Aus den Gesichtern von Kindern und jungen Menschen kann die Frische und Unverdorbenheit der ursprünglichen Schönheit seiner Schöpfung leuchten, eine Ahnung dessen, was es heißt, „immaculata conceptio", „unverdorbenes Konzept" Gottes zu sein. Und ich kenne manche alte Menschen, aus deren Gesicht etwas von der Schönheit, von der Weisheit, von der Güte und Milde Gottes strahlt.

Aber nur ein einziger Mensch war ein völlig unverdorbenes Konzept, war die „immaculata conceptio" Gottes; war so vollkommen schön, daß er ganz, vollständig durchsichtig für Gott war: das ist die „Schönste von allen", wie sie das Kirchenlied nennt, Maria. An Maria war nichts Eigenwilliges, nichts Eigensinniges, nichts, womit sie die Aufmerksamkeit auf sich, und nur auf sich selbst ziehen und für sich behalten wollte. Ihr ganzes Wesen ist in ihrem Wort auf der Hochzeit zu Kana zusammengefaßt: „Was *er* (Jesus) euch sagt, *das* tut" (Joh 2,5). Sie verweist ganz auf ihn.

Wir wären wie Maria, genauso schön, wenn in uns alles, restlos alles dem entsprechen würde, wie Gott uns eigentlich gedacht hat und was er von uns will. Weil das bei keinem von uns ganz der Fall ist, sind wir alle noch mehr oder weniger unschön. Doch wir sind auf dem Weg dorthin, wo Maria am Anfang war. Wir gelangen an dieses Ziel in dem Maß, in dem wir es lernen, immer und überall mit Maria zu sagen: „Ich bin die Magd des Herrn. Mit mir geschehe, was Gott will." Und, so hören wir im Evangelium, „für Gott ist nichts unmöglich." Für Gott ist es möglich, daß wir einst das werden, was Maria schon ist: vollkommen schön. Vollkommen durchsichtig für Gott.

Der heilige Paulus hat es ausdrücklich gesagt, daß Gott uns alle so haben will: er will uns „herrlich vor sich erscheinen lassen, ohne Flecken, Falten oder andere Fehler, heilig und makellos" (Eph 5,27).

So feiern wir heute Maria als die Makellose, als die ganz Schöne, und wir feiern an ihr das, was wir selbst einmal werden dürfen, wenn unser Herr erscheint und unseren armseligen Leib in den Leib seiner Herrlichkeit verwandelt.

Spielregeln für das Wandern mit Gott

Persönliche Betrachtungen zu den Schriftlesungen der Eucharistiefeier in der Adventszeit

Montag der 1. Adventswoche

„... dann schafft der Herr über der ganzen Stätte und über dem Festplatz des Berges Zion bei Tag eine Wolke und bei Nacht Rauch und strahlenden

Feuerglanz. Über dem Ganzen ist die Herrlichkeit des Herrn ein Schutz und Schirm. Sie dient als Schatten vor der Hitze, als Zuflucht und Obdach vor Unwetter und Regen" (Jes 4,5–6).

Gottes lebendige Wirklichkeit: die Kraft aus seinem Wort, die Fügungen seiner Vorsehung, die Sehnsucht, ihm näherzukommen – das ist „bei Tag eine Wolke und bei Nacht Rauch und strahlender Feuerglanz." Das gibt den Mut, aus der Geborgenheit herauszuspringen ins Unbekannte, aus dem großen warmen Haus in eine enge kalte Herberge, aus der Selbstverständlichkeit des Herkömmlichen in das Fragwürdige eines Neuversuchs. „Über dem Ganzen ist die Herrlichkeit des Herrn ein Schutz und Schirm." Es ist eine bescheidene, aber wirkliche Herrlichkeit. Das Gehaltensein vom Herrn, die Faszination der Liebe „dient als Schatten vor der Hitze, als Zuflucht und Obdach vor Unwetter und Regen": *Gott* ist mein Haus, meine Heimat. Die *Menschen,* denen ich zutiefst *begegne,* sind meine Herbergen und mein Obdach, weil *er* aus ihnen spricht.

Im Alten Testament mag die Wolke, mögen Rauch und strahlender Feuerglanz überwältigend, erhaben wie großartige Naturschauspiele gewesen sein (und selbst *das* hat die Menschen nicht ein für allemal zu Gott hingerissen): im Neuen Testament wird all das ganz klein und unscheinbar, aber umso dichter und wesentlicher: Gott wird *Mensch.* Er, den Himmel und Erde nicht fassen können, komprimiert sich auf die Größe eines menschlichen Embryos im Schoße Mariens. Und ich stelle mir vor, daß die „Wolke des Allerhöchsten, die sie überschattete" (vgl. Lk 1,35), auch ganz schlicht dieses war: unauffällig und am Anfang unmerklich etwas Neues unter ihrem Herzen und in ihrem Leben, das größer und größer wurde, unter schmerzlichen Mißverständnissen und Leiden der Umgebung offenbart werden mußte und ihrem Leben einen völlig anderen Verlauf gab, als sie gedacht hatte.

Flucht nach Ägypten, Auszug in die Fremde: „Über dem Ganzen ist die Herrlichkeit des Herrn ein Schutz und Schirm." Vielleicht ist die Herrlichkeit jetzt *in* dem Ganzen und verleiht eine Haut, ein Fell, das dem Wetter standhält. „Sie dient als Schatten vor der Hitze, als Zuflucht und Obdach vor Unwetter und Regen."

Dienstag der 1. Adventswoche

„Er richtet nicht nach dem Augenschein und entscheidet nicht nach dem Hörensagen. Er richtet in Gerechtigkeit die Geringen und fällt rechten Entscheid für die Armen im Land. Er erschlägt den Gewalttätigen mit dem Stab seines Mundes und tötet den Frevler mit dem Hauch seiner Lippen" (Jes 11,3–4).

Im letzten Satz ein Vokabular der Gewalt – aber eingebettet in eine Vision der gewaltlosen Harmonie der Geschöpfe. Und sieht man genau zu, so geschieht das „Erschlagen" und „Töten" nicht mit irgendwelchen Waffen, sondern allein mit den Instrumenten des Mundes, der Lippen. So werden die

Worte verwandelt, die Mittel geläutert: aus dem physischen Dreinschlagen wird das souveräne Vertrauen auf die Macht und Überzeugungskraft des Wortes und des Argumentes, und vor allem des Gebets. Betend, mit leeren, erhobenen Händen hat Mose die Schlacht gegen die Amalekiter entschieden; betend, in einer letzten Entäußerung und Entwaffnung, hat Jesus mit ausgestreckten, angenagelten Händen den Haß und den Tod besiegt. Er hat „gesprochen wie einer, der Macht hat" (Mk 1,22), indem er ganz ohnmächtig geworden ist. Er selbst war das letzte Wort des Vaters für uns, und es war ein Wort der Versöhnung, das alle heilen kann.

Mittwoch der 1. Adventswoche

„Er nimmt hinweg auf diesem Berg die Hülle, die alle Nationen verhüllt, und die Decke, die alle Völker bedeckt" (Jes 25,7).

Die große Enthüllung am Ende der Tage. Wo Menschen einander enthüllen, tritt Nacktheit zutage, Blöße, Elend, Armut, Schande. „Enthüllungen" richten sich allermeist auf das Böse, das Peinliche und Skandalöse. Gott enthüllt ganz anders.

„Er vernichtet den Tod (und alle diese Werke und Spuren des Todes) für immer. Gott der Herr wischt die Tränen ab von jedem Gesicht. Auf der ganzen Erde nimmt er die Schmach seines Volkes hinweg" (Jes 25,8). Er wird nicht die Spuren des Bösen und Schlechten überall aufdecken, sondern ich glaube, daß er alle Keime der Liebe, der Sehnsucht und des

Mit-leids aufzeigen wird, alles Zittern und Beben armer, geängstigter, verwirrter Herzen. Er hat jede Träne in seinem Krug gesammelt. Und die Tränen werden zählen, die Blutstropfen, die Fragen, die reg- und wortlos ausgestandenen Minuten und Stunden. Das werden die Kostbarkeiten seiner Armen sein, die alle Erbärmlichkeit und alles Versagen überstrahlen und in Vergessenheit versinken lassen werden. Vielleicht sind das sogar diese „feinsten Speisen" und „edelsten Weine", die unser Herz beim Siegesmahl am Ende (Jes 25,6) unendlich froh machen werden. Wir werden, wenn die Hülle von unseren Augen genommen wird, erstaunt feststellen, daß wir auch in unseren einsamsten Stunden gerade durch unsere Tränen und unsere Blutstropfen schon immer in Kommuniongemeinschaft, in tiefer, wesentlicher Verbindung miteinander waren.

„An jenem Tag wird man sagen: Seht, unser Gott! Von ihm erhofften wir unsere Rettung ... Laßt uns jubeln und uns freuen, denn er hat uns gerettet" (Jes 25,9).

Donnerstag der 1. Adventswoche

„Wir haben eine feste Stadt: Heil schafft der Herr statt Mauern und Wälle. Öffnet die Tore, damit ein gerechtes Volk einziehen kann, das die Treue wahrt und dessen Sinn standhaft ist" (Jes 26,1–2). Nicht die Mauern und Wälle menschlicher Sicherheit schenken uns die wesentliche Geborgenheit. Man kann hinter ihnen sehr ausgesetzt und hilflos sein und eine große Kälte und Fremde erfahren. Deshalb muß man ihre Tore öffnen und den Mut haben, sich preiszugeben; den Mut, mißverstanden, verletzt und verspottet zu werden. Am konsequentesten hat uns das Jesus vorgelebt, der so weit ging, daß er sich die „Tore" seiner Hände und seiner Füße gewaltsam durchstoßen, das „Tor" seines Herzens bis in seine innerste Mitte hinein aufbrechen ließ. In dieser völligen Wehrlosigkeit hat er den Tod besiegt, das heißt: alle Scheidemauern niedergelegt, die das Leben begrenzen und ersticken. Der Durchbohrte konnte mühelos durch verschlossene Türen gehen.

„Heil schafft der Herr statt Mauern und Wälle."

Nur Treue und standhafter Sinn erhalten und fördern das Leben: Qualitäten des menschlichen Herzens, nicht äußere Sicherungsvorkehrungen. „DU sicherst (dem Volk) den Frieden, denn auf dich vertraut es" (Jes 26,3): Friede steht und fällt mit der lebendigen Beziehung zum Herrn, denn „der Herr ist ein ewiger Fels" (Jes 26,4). Solche Beziehung läßt uns so werden, wie er war: arm, gering, heimatlos. Doch die „Füße der Armen, die Tritte der Geringen" (Jes 26,6) werden auf dem Weg sein und das Leben in die Zukunft tragen, wenn „die Bewohner der Höhe, die ragende Stadt" menschlicher Pracht und Herrlichkeit und Sicherheiten, und wenn alle statisch und auf Bestand in sich selbst angelegten Systeme gestürzt und in den Staub gestoßen sein werden (Jes 26,5).

Freitag der 1. Adventswoche

„Nur noch kurze Zeit, dann verwandelt sich der Libanon in einen Garten, und der Garten wird zum Wald" (Jes 29,17).

Gott hat eigene Zeitbegriffe. Was ihm kurz vorkommt, erscheint uns sehr lang. Wir warten vielleicht unser ganzes Leben lang auf sein Licht, und erst nach dieser langen „kurzen Zeit" geht uns im Sterben sein Licht auf.

„An jenem Tag werden die Tauben Schriftworte hören; die Blinden, die in Dunkel und Finsternis waren, werden sehen" (Jes 29,18).

Daraus ist zu schließen, daß sein Wort und sein Licht indes längst um uns sind. Das Schweigen und das Dunkel und die Finsternis sind nicht der objektive Zustand der Welt, sondern wir nehmen sie so wahr infolge unserer eigenen Verfassung: wir sind taub, wir sind blind. Deshalb hören und sehen wir die Herrlichkeit noch nicht, die uns umgibt. Wie können wir diese Tore aufbrechen, diese dünne, fast vollkommen dichte Isolierschicht zum Klang, zum Licht, zur Wärme Gottes hin durchstoßen?

Nicht mit gewalttätiger Anstrengung, sondern mit einer Schärfung unserer Sinne, mit einer Erhöhung unserer Sensibilität. Das heißt aber: indem wir ärmer, hilfloser, verwundbarer werden. „Die Demütigen werden sich immerzu im Herrn freuen, und die armen Leute werden im heiligen Gott Israels jubeln" (Jes 29,19).

Ich glaube, wenn ein Tauber zum erstenmal hört

und ein Blinder zum erstenmal sieht, tut ihm das sehr weh. Er wird wie bei einer Geburt herausgerissen aus dem Schoß des Schweigens und des Dunkels, und die erste Reaktion ist: Angst, Schrecken und Hilflosigkeit. Es ist merkwürdig, daß wir das, wofür wir erschaffen sind, so schwer ertragen. Die Gottlosigkeit macht uns leiden. Aber auch Gott tut uns weh.

Samstag der 1. Adventswoche

„... du brauchst nicht mehr zu weinen. Er wird dir gnädig sein, wenn du um Hilfe schreist; sobald er dein Rufen vernimmt, wird er dich erhören" (Jes 30,19).

Die neue Geburt geschieht mit Schmerzen. Das erste Schreien und Weinen des Neugeborenen ist für die Mutter das erlösende Zeichen: mein Kind nimmt das Leben an.

„Die Tränen sind nichts Böses, nicht undankbar und nicht schlecht. Sie sind unser wie jede andere Gabe, wie Augenlicht, wie unsere Hände und Füße. Weint zuweilen ganz leise, ganz wenig, auch das läßt sich geradezu üben. Und glaubt mir: es wird euch froher werden lassen" (José Orabuena).

Die Tränen sind nicht nur eine psychische Entlastung, ein Mittel, angestauten Schmerz zu lösen: hinter ihrem Schleier verbirgt sich Gott. Auch Jesus, „als er auf Erden lebte, hat mit lautem Schreien und unter Tränen Gebete und Bitten vor den gebracht, der ihn aus dem Tod retten konnte, und er ist erhört und aus seiner Angst befreit worden" (Hebr 5,7). Mit einem Schrei hat er seinen Geist in die Hände des Vaters gelegt (Lk 23,46). Er darf sich, im Tod erwacht zu neuem Leben, satt sehen an seiner Gestalt (vgl. Ps 17,15). „Deine Augen werden deinen Lehrer sehen, deine Ohren werden es hören, wenn er hinter dir ruft" (Jes 30,20–21).

Hier auf Erden ist das ein merkwürdiges Sehen und doch nicht Sehen: er ruft „hinter dir". Du siehst ihn nicht vor dir und bist ständig versucht, dich umzudrehen und zurückzugehen. Aber solche Rückwendung würde dich in die Erstarrung führen wie die Frau des Lot (vgl. Gen 19,26). Du kannst nur eines, wenn du wahrhaft lebendig bleiben willst: *gehorchen,* „wenn er hinter dir ruft: Das ist der Weg, den ihr gehen müßt, wenn ihr schwankt zwischen rechts und links" (Jes 30,21). Du hast den Eindruck, niemand sei vor dir, und du müßtest diesen Weg als allererster gehen. In Wirklichkeit ist Jesus bereits diesen Weg vorausgegangen. Auch er hat den Gehorsam lernen müssen (vgl. Hebr 5,8), bis er im Licht der Ostersonne auferstanden ist, „das siebenmal so stark" ist „wie das Licht von sieben Tagen" (Jes 30,26).

2. Adventssonntag/A

„Ein Reis wird aus dem Stumpf Isais sprossen, ein Schößling aus seinen Wurzeln Frucht bringen" (Jes 11,1).

So läßt Gott Leben entstehen: aus dem Tod.

Wenn alles „wüst und wirr" ist und „Finsternis" herrscht (vgl. Gen 1,2), ruft Gott das Licht und das Leben hervor. Vertrocknete, alte Bäume (Abraham und Sara, Zacharias und Elisabeth) treiben frische Knospen, zeugen neues, unerwartetes Leben. Adventskränze und Weihnachtsbäume sind dafür Sinnbilder: am abgeschnittenen Holz strahlen Lichtkeime auf, die Blüten der warmen, leuchtenden Kerzen.

Das Geheimnis des Baumes: erst bringt er den Tod (Gen 2,17), und erst dann das Leben (Offb 2,7).

Das Geheimnis der Sünde: daß Leben nicht geradlinig und organisch weiterwächst, sondern nur durch Brüche hindurch. Das Weizenkorn muß sterben, will es Frucht bringen (Joh 12,24). Aus dem erstorbenen Stumpf Isais sprießt ein Reis, aus seinen Wurzeln ein Schößling.

Wie aber ist unter den wilden Schößlingen und dem Unkraut *der* Schößling zu unterscheiden, für den *Gott* geboten hat: „das Land lasse ihn wachsen" (vgl. Gen 1,11)? Wie ist die Frucht des Gehorsams herauszuerkennen aus der Spreu der Willkür?

Die Kriterien für das wahre Reis werden genannt:
„Auf ihm ruht der Geist des Herrn:
der Geist der Weisheit und der Einsicht,
der Geist des Rates und der Stärke,
der Geist der Erkenntnis und der Gottesfurcht.
(Gott) erfüllt ihn mit dem Geist der Gottesfurcht.
Er richtet nicht nach dem Augenschein
und entscheidet nicht nach dem Hörensagen" (Jes 11,2–3).

Besonders betont – zweimal genannt – ist die *Gottesfurcht:* eine neue, lebendige, wesentliche Beziehung zum geheimnisvollen Gott. Ein Aufgeben aller nur menschlichen Gesichtspunkte und Sicherungen; stattdessen das Tasten und Fragen unter Furcht und Zittern nach dem Willen des Lebendigen. Ein Sehen und Hören nicht mit oberflächlichen, nur-menschlichen, pragmatischen Maßstäben, sondern mit dem Herzen.

Montag der 2. Adventswoche

„Die Wüste und die Öde sollen sich freuen, die Steppe soll jubeln und blühen! In voller Blumenpracht soll sie erblühen; jubeln soll sie, jubeln und jauchzen" (Jes 35,1–2).

Ein gewaltiger Anspruch an unseren Glauben. Zugleich *der* Weg, um den Teufelskreis der Blind- und Taubheit zu durchstoßen: die Blinden und Tauben sehen und hören Gott nicht; und weil sie ihn nicht sehen und nicht hören, werden sie immer blinder und tauber. Der Prophet mutet uns zu, *als* Blinde und Taube, *als* „Wüste" und „Öde" im Frontalangriff gegen unsere Stimmung und unseren desolaten Zustand froh zu sein, zu jubeln und zu blühen. Es ist nicht so, daß uns zuerst die Wüste und Öde als neuer Paradiesesgarten ausgestattet würde, und dann könnten wir ihn genießen und endlich anfangen, froh zu sein und zu jubeln. „In voller Blumenpracht soll die Wüste erblühen: jubeln soll sie, jubeln und jauchzen" (Jes 35,2). Lese ich dieses

Wort aufmerksam, so sagt es mir, daß mein Jubel, der in der noch kahlen, trostlosen Wüste anhebt, eben diese Blumenpracht hervorzaubern soll und kann. Der Jubel, das Lob Gottes erschließt das Paradies und hat eine verwandelnde Kraft.

Das also ist der Anspruch: Wenn noch alles trost- und aussichtslos ist, dann „stärkt die schlaffen Hände, festigt die wankenden Knie! Sprecht zu den Verzagten: Seid stark, fürchtet euch nicht" (Jes 35,3–4). Schaut ins Dunkel hinein, ihr Blinden; hört ins Schweigen hinein, ihr Tauben! Und dort, im Nichtsehen und Nichthören „seht da, euer Gott!" (Jes 35,4), hört da, euer Gott! Wenn ihr das getan habt, in einem nackten, grenzenlosen Glauben, „*dann* werden die Augen der Blinden aufgetan, und die Ohren der Tauben öffnen sich" (Jes 35,5).

Ist das eine Einladung, sich etwas vorzumachen? Sich in den Wunsch, etwas Nichtexistentes möge sein, so intensiv hineinzusteigern, daß man schließlich überzeugt ist, es sei, und in Wirklichkeit ist und bleibt es bloß die Projektion und das Produkt der eigenen Wünsche? Das mußt du an der Wirkung im Alltag ablesen: ob du dich in eine Traumwelt einspinnst, oder ob sich deine Lebenspraxis verändert. Ob du weltfremd wirst, oder ob dir daraus neue Kraft und Inspiration für dein Wirken an der Welt aufbricht. Wenn es nicht nur Illusionen sind, „dann springt der Lahme wie ein Hirsch, und die Zunge des Stummen jubelt" (Jes 35,6). Dann brechen „in der Wüste" deines Alltags „Wasser hervor und Bäche in der Steppe. Der glühende Sand wird zum

Teich und das durstige Land zu Wasserquellen" (Jes 35,6–7).

Dienstag der 2. Adventswoche

„Tröstet, tröstet mein Volk! spricht euer Gott ... Beendet ist sein Frondienst, beglichen ist seine Schuld ... Durch die Wüste bahnt einen Weg für den Herrn! Baut in der Steppe eine Straße für unsern Gott!" (Jes 40,1–3).

Die Kraft, im unwegsamen Gelände der Wüste und Steppe nicht nur einen Weg für sich selbst zu finden, einen schmalen Pfad, sondern dort einen Weg, eine Straße für andere zu bauen, kommt aus dem Trost, den Gott uns schenkt; und dieser Trost hat seinen Grund in der Vergebung und Begleichung unserer Schuld. Unbelastet dürfen wir neu anfangen. Solche Gnade kann nur Gott schenken: einer, der Vergangenes endgültig vergehen lassen und Neues unerschöpflich neu schaffen kann. Seine Vergebung löst uns aus unserer Determinierung durch das Gewesene und schafft uns neu. Nichts ist verloren, trotz allen Versagens, Scheiterns und Schuldigwerdens, sondern alles wird neu geschaffen. „Paradiesische", unschuldige Menschen können anfangen, die Wüste und Steppe des Faktischen umzuwandeln zum Garten und Weg des Ersehnten. „Dann zeigt sich die Herrlichkeit des Herrn, und alle Menschen werden sie schauen" (Jes 40,5). Dieser neue Garten ist kein privater Schrebergarten, sondern ein Bereich der Hoffnung für alle Menschen; ein Ort, an dem der Gott-für-alle anwesend ist.

„Eine Stimme sagt: Rufe! Da fragte ich: Was soll ich rufen? Alle Menschen sind wie Gras, und all ihre Schönheit ist wie die Blume des Feldes. Das Gras verdorrt, die Blume welkt, wenn der Hauch des Herrn darüberweht" (Jes 40,6–7).

Solch niederschmetternde Wahrheit über den Menschen und seine Vergänglichkeit ist nur zu ertragen, wenn sie eingebettet ist in den Rahmen des Trostes und der Freudenbotschaft: Obwohl der Mensch ein kurzlebiges, nichtiges Wesen sei, sammle ihn Gott „mit seinem Arm", trage ihn „auf seinem Arm" und führe ihn „behutsam" (Jes 40,11).

Andeutung der Fleischwerdung Gottes: den Hauch seiner überwältigenden, glühenden Herrlichkeit, unter dessen Wehen alles verdorrt und welkt, was weniger ist als Gott, wandelt er zum bergenden Arm und zur behutsamen, zärtlichen Hand.

„Steig auf einen hohen Berg, Freudenbotin Zion! Erhebe mit Macht deine Stimme, Freudenbotin Jerusalem! Erhebe die Stimme, fürchte dich nicht!" (Jes 40,9.) *In* dir, die du aus dir selbst nur verdorrendes Gras und welkende Blume bist, lebt sein Wort. Er hat es in dich gelegt. Es bleibt in Ewigkeit. Und du bleibst in Ewigkeit, wenn es in dir bleibt und wenn du ihn ihm bleibst. „Alle, die er für sich gewonnen hat, kommen mit ihm, und die er sich erworben hat, gehen vor ihm her" (Jes 40,10).

Mittwoch der 2. Adventswoche

„Mit wem wollt ihr mich vergleichen?
Wer ist mir ähnlich? spricht der Heilige" (Jes 40,25).

Gott als *Gott* in die Mitte stellen. Allzuoft erniedrigen wir ihn zur bloßen logischen Prämisse unseres Denkens und Verhaltens, zum theoretischen Bezugspunkt. Er muß für uns der Lebendige, der Überwältigende, Faszinierende, Ergreifende werden. *Dies,* allein dies kann die wesentliche Quelle unserer Kraft sein: der *lebendige* Gott. In unserem Kleinmut schrumpft unser Gesichtsfeld immer wieder zusammen auf den Rahmen dessen, was wir selbst sind und sehen und können. Wir tun, als müßten wir ganz allein unseren Weg gehen. Wir reden: „Mein Weg ist vor dem Herrn verborgen, und mein Recht entzieht sich meinem Gott" (Jes 40,27). Der Prophet rüttelt uns wach: „Weißt du es nicht, hörst du es nicht? Der Herr ist ein ewiger Gott; er hat die weite Erde geschaffen" (Jes 40,28). Er hat sie voll in seinem Blick. Ja, Herr,

„ob ich sitze oder stehe, du weißt von mir.
Von fern erkennst du meine Gedanken.
Ob ich gehe oder ruhe, es ist dir bekannt;
du bist vertraut mit all meinen Wegen.
Noch liegt mir das Wort nicht auf der Zunge –
du, Herr, kennst es bereits.
Du umschließt mich von allen Seiten
und legst deine Hand auf mich" (Ps 139,2–5).

Nie wendet er sich von mir ab. „Er wird nicht

müde und nicht matt; unergründlich ist seine Einsicht. Er gibt dem Müden Kraft, dem Schwachen mehrt er die Stärke" (Jes 40,28–29). Er mehrt sie in dem Maß, in dem ich auf ihn blicke; in dem er für mich lebendige Anwesenheit und Wirklichkeit wird. Das ist das Wesen der Hoffnung; das Wesen der Kontemplation, der ich mein Leben geweiht habe: auf ihn schauen.

„Junge Leute werden müde und matt, junge Männer straucheln und fallen. Alle aber, die auf den Herrn hoffen, schöpfen neue Kraft, sie bekommen Flügel wie Adler. Sie laufen" mutig in die Zukunft, die er ihnen weist, mag sie auch schwer und mühsam sein. Gerade deshalb ist sie ja eine Zukunft, die mit dem Schicksal seines Sohnes zu tun hat. Sie „werden nicht matt, sie gehen und werden nicht müde" (Jes 40,30–32). Sie können wohl müde werden wie Jesus, todmüde sogar; aber sie stehen wie er auch aus der letzten Müdigkeit auf „wie Adler" (Jes 40,31).

Donnerstag der 2. Adventswoche

„Ich bin der Herr, dein Gott, der dich bei der Hand faßt, der zu dir spricht: Fürchte dich nicht, ich helfe dir" (Jes 41,13). Ja, Herr,

„ich bleibe immer bei dir.
Du hältst mich an meiner Rechten.
Du leitest mich nach deinem Ratschluß
und nimmst mich am Ende auf in Herrlichkeit"
(Ps 73,23–24).

Das Wissen, das Empfinden: mich hält jemand an der Hand. Ich bin nicht allein. Dieses Wissen vermag Wunder zu wirken. Es schenkt auch in den ungeborgensten Situationen einen Trost der Geborgenheit, der weit über den objektiven, rationalen Sachverhalt hinausgreift. Wenn ein Mensch einen anderen Menschen an der Hand nimmt, mag die äußere Lage beider dadurch genauso verworren und düster und verloren bleiben wie zuvor: dennoch ist mit einem Mal ein innerster Raum der Geborgenheit und des Haltes geschaffen, eine winzige Herberge voller Licht mitten in der Finsternis, die gegen Hölle, Tod und Teufel Bestand verleiht.

So erfahren es schon Menschen miteinander. Es ist ein Zeichen und Sakrament des An-der-Hand-gefaßt-Seins von dem, der auch objektiv der Stärkere, der Erste und der Letzte ist, der Bergende. Dessen, der spricht: „Fürchte dich nicht, du Würmlein Jakob, erschrick nicht, du armseliges Israel! Ich selbst helfe dir – Wort des Herrn –, dein Erlöser ist der heilige Gott Israels" (Jes 41,14).

„Auf kahlen Höhen lasse ich Ströme hervorbrechen, und Quellen inmitten der Täler. Ich mache die Wüste zum Teich und das trockene Land zu Quellen" (Jes 41,18).

Eine neue Schöpfung, ein neues Paradies bricht an. Der innerste Kern dieser Erfahrung, ihr wesentlicher Grund aber ist die *Hand des Herrn,* die uns hält und uns ganz persönlich meint. Ohne diese intime, innerste Begegnung und Geborgenheit bliebe auch der schönste Paradiesesgarten ein fremdes

Stück Erde, auf dem wir in Trauer, Heimweh und Sehnsucht wohnen würden.

Gib mir deine Hand, Herr!

Gib mir die Hand eines Menschen!

„Dann werden alle sehen und erkennen, daß die Hand des Herrn das alles getan und der heilige Gott Israels es geschaffen hat" (Jes 41,20).

Freitag der 2. Adventswoche

„*Hättest* du doch auf meine Gebote geachtet! Dein Glück *wäre* wie ein Strom geworden und dein Heil wie die Wogen des Meeres. Deine Nachkommen *wären* zahlreich geworden wie der Sand ..." (Jes 48,18–19). Ein trostloser Text. Er spricht von vertanen Möglichkeiten, setzt traurige Tatsachen voraus. In klare Wirklichkeitsform übersetzt, sagt er: „Du hast nicht auf meine Gebote geachtet. Darum ist dein Glück nicht wie ein Strom geworden, dein Heil nicht wie die Wogen des Meeres; sondern dein Glück ist versiegt. Deine Nachkommen sind nicht zahlreich geworden wie der Sand, sondern du bist fruchtlos geblieben." Eine Bankrotterklärung. Der ausgewählte Abschnitt der Lesung bringt nichts weiter zum Ausdruck als dies. Dieses Faktum heißt es ohne Ausflüchte annehmen. Was bleibt noch übrig? Weinen? Schuldgefühle? Resignation? Verzweiflung? Hoffnungslosigkeit?

Ich schlage bei Jesaja nach, in welchem Zusammenhang dieser Textabschnitt steht. Er steht im Rahmen der Ankündigung, daß Gott den Kyrus schicken werde, um Babel zu zerschlagen, damit das Volk aus seinem Elend ausziehen kann; und es folgt die Aufforderung: „Heraus aus Babel, flieht aus Chaldäa! Verkündet es jauchzend, damit man es hört. Ruft es hinaus bis ans Ende der Erde! Ruft: der Herr hat seinen Knecht Jakob ausgelöst. Sie litten keinen Durst, als er sie durch die Wüste führte; Wasser ließ er für sie aus dem Felsen sprudeln, er spaltete den Felsen, und es strömte das Wasser" (Jes 48,20–21).

Also *doch* eine frohe Botschaft, mitten in diesen Nullpunkt, in dieses Ende hinein. Es *gibt* den Punkt des Zu-spät, der vertanen, verpaßten Möglichkeiten. Aber er ist nie *endgültig* da, solange wir noch leben und noch ein Herz mit einem Minimum an Aufgeschlossenheit haben. Für den rechten Schächer am Kreuz waren die wenigen Minuten vor seinem Tod noch rechtzeitig, um „heute noch" die Tür ins „Paradies" zu finden (Lk 23,41).

Die Bedingung: „Heraus; flieht; verkündet; ruft!" Mut zum Auszug, zur Umkehr, zum Neuanfang am Punkt Null.
Wir müssen es nicht einmal selbst *machen;* wir müssen uns nur „auslösen" *lassen.*

3. Adventssonntag/A

„Bist du der, der kommen soll, oder müssen wir auf einen andern warten?" (Mt 11,3).

Die Frage wird nicht direkt beantwortet: wir sind noch nicht fähig, den Herrn unmittelbar zu erkennen. Wir werden verwiesen auf die Auswirkungen seiner Gegenwart. Der Blick in die Sonne würde uns blenden; die Helligkeit und Wärme ihrer Strahlen können wir wahrnehmen: „Blinde sehen wieder, und Lahme gehen; Aussätzige werden rein, und Taube hören; Tote werden auferweckt, und den Armen wird das Evangelium verkündet" (Mt 11,5).

Wo der Herr anwesend ist, entsteht ein heilendes Klima. In der Gemeinschaft derer, in deren Mitte Christus lebt, gesunden die Menschen.

– Eine ernste Frage an uns: Ist in eurer Mitte der, der kommen soll, oder müssen wir ihn anderswo suchen? Wird man bei euch gesund oder krank?

Jesus stellt Johannes das Zeugnis aus, er sei *kein* Schilfrohr gewesen, das im Wind schwankt (Mt 11,7). Und *doch* war Johannes angefochten in seinem Glauben. Er schickte seine Jünger zu Jesus und ließ ihn fragen: „Bist du der, der kommen soll, oder müssen wir auf einen andern warten?" (Mt 11,3). Auch treue und standfeste Menschen werden in ihren Überzeugungen angefochten und erschüttert. Aber dann grübeln sie nicht in sich selbst, kreisen nicht in Zweifeln und Selbstquälereien, sondern sie schicken zu Jesus und lassen *fragen.* Das *Fragen* gehört zum Glauben und zum Gehorsam. Maria fragt: „Wie soll das geschehen, da ich keinen Mann erkenne?" (Lk 1,34). Und es werden klare Antworten gegeben, nicht nur nebulöse fromme Sprüche.

Wahrscheinlich *fragen* wir *Gott* zu wenig. Wir tüfteln stattdessen an unseren eigenen Antworten.

Montag der 3. Adventswoche

Auch die Hohenpriester und Ältesten fragen Jesus: „Mit welchem Recht lehrst du im Tempel? Wer hat dir dazu die Vollmacht gegeben?" (Mt 21,23). Sie wissen die Antwort, *ihre* Antwort. Darum ist dies nur eine rhetorische Frage, ein Vorwurf. Darauf gibt Jesus keine Antwort. Er stellt vielmehr seinerseits eine Frage. Sie betrachten auch seine Frage nicht als eine Frage nach der Wahrheit, sondern sie kalkulieren die Auswirkungen verschiedener denkbarer Antworten auf das Publikum. Deshalb beantworten sie seine Frage ausweichend: „Wir wissen es nicht" (Mt 21,27).

Wo das Hin und Her von Frage und Antwort derart verdorben ist, schweigt Jesus: „Dann sage auch ich euch nicht, mit welchem Recht ich das tue" (Mt 21,27).

Sie bleiben in ihrem engen Horizont gefangen; das Wort wird nicht Fleisch. „Er kam in sein Eigentum, aber die Seinen nahmen ihn nicht auf" (Joh 1,11).

Dienstag der 3. Adventswoche

Der eine „antwortete: Ja, Herr. Er ging aber nicht hin." Der andere „antwortete: Ich will nicht. Später aber tat es ihm leid, und er ging doch" (Mt 21,29–30).

Auch hier: eine Verderbnis der Sprache. Die Worte stimmen nicht mit dem tatsächlichen Tun überein. Die Worte sind leere Hülsen geworden, sind nichts mehr wert.

Wo die Worte durch Inflation verschlissen sind, ist es gut, eher zu wenig als zu viel zu sagen: Tu schweigend das Rechte. Laß deine *Taten* sprechen. Nach den Taten, allein nach ihnen wird Jesus fragen: „Wer von den beiden hat den Willen des Vaters *getan*?" (Mt 21,31). Beide haben unzutreffende Worte gesprochen. Danach fragt Jesus nicht. Nicht ihre *Worte* folgen ihnen nach, sondern ihre Taten (Offb 14,13).

Angst vor Gott

22. Dezember 1981

Heute abend vor der Komplet eine gemeinsame ermutigende Inspiration. Aufleuchten der beglückenden Schicht dessen, was wir werden möchten und suchen.

Vor einigen Tagen habe ich vor der Komplet zur Meditation den Satz von Hélder Câmara vorgelesen:

„Ein schlichte Wasserlache
möchte ich sein
und den Himmel spiegeln."

Dieser Satz hat einen meiner Brüder mehrere Tage beschäftigt. Heute abend hat er spontan seine weiteren Inspirationen dazu mitgeteilt. Es waren drei Gedanken, ungefähr so:

– Meistens bin ich unruhig. Meine Oberfläche

zittert. Dann kann ich nicht den Himmel spiegeln. Ich möchte still werden, um reiner Spiegel sein zu können.

– Wenn vom Himmel Tropfen in die Wasserlache fallen, zittert sie auch. Gottes Anrühren verwirrt und erschreckt. Aber solche Tropfen, die mich erschüttern, sind wie ein Kuß. Die Wasserlache wird durch sie immer größer.

– Wenn die Sonne scheint, habe ich Angst, auszutrocknen. Aber wohin verdunstet die Wasserlache? Doch in den Himmel hinein, den ich widerspiegeln wollte!

Der Keim des Lichts in der Nacht

25. Dezember 1981, Predigt in der Mitternachtsmesse

„Fürchtet euch nicht, denn ich verkünde euch große Freude: Heute ist euch der Retter geboren in der Stadt Davids; er ist der Christus, der Herr" (Lk 1,10–12).

Nein, wir fürchten uns nicht, in einer solchen Nacht, in einem solchen Gottesdienst, „mitten im kalten Winter, / wohl zu der halben Nacht". Plötzlich leuchtet sie uns auf, diese große Freude; einen Augenblick lang wird der Traum wahr, der Traum von der Erlösung, der Traum vom Licht, den wir alle im Herzen tragen. Es ist, als wären wir für eine kleine Weile tatsächlich dabei, im armen Stall, auf dem Feld, im Winter, in der Nacht, wo der Himmel aufbricht und uns der Glanz des Herrn umstrahlt, wo Engelchöre singen und Hirten herbeieilen und wo ein kleines Kind in der Krippe uns glücklich macht.

„Ein Kind ist uns geboren, ein Sohn ist uns geschenkt." Das rührt in die Tiefe unseres Wesens, das trifft uns am innersten Nerv, jenseits unseres bloßen Nachdenkens und Verstehens. Da gibt es nicht eigentlich etwas zu erklären und zu sagen. Am ehesten erfassen wir es noch im Schauen, im Singen, im Feiern. Nüchterne Sprache reicht da nicht aus. Am ehesten kann die Poesie eine Ahnung wekken. Darum sind unsere Advents- und Weihnachtslieder so voller Poesie und Bilder; Liebeslieder sind sie im Grunde alle.
„Das Blümelein so kleine, / das duftet uns so süß; mit seinem hellen Scheine / vertreibt's die Finsternis."

Ja, wir spüren den Duft einer kleinen Blütenknospe, die aufgeht im Frost unserer Welt und unserer Herzen. Wir sehen den hellen Schein des winzigen Lichts, das angezündet wird in der verhangenen Nacht unserer Zeit und unseres Lebens. Wie die Kerzen am Adventskranz ist's, wie die Lichter am Christbaum, vertraut und doch ein Wunder: daß an einem dunklen Baum – Tannen-, Fichtenbäume tragen in sich die Finsternis –, daß an einem dunklen Baum lauter Knospen aufbrechen, Knospen hellsten, wärmsten, lebendigsten Lichtes.

„Ein Kind ist uns geboren, ein Sohn ist uns geschenkt": stellt euch vor – das ist wahr, das ist endgültig, das ist nicht mehr auszurotten aus unserer

Welt: daß ein Kind uns geboren ist, ein Sohn uns geschenkt ist. Sie haben ihn umgebracht auf Golgotha, am Kreuz, aber er war nicht umzubringen: er ist nur in umso hellerem Licht wieder aufgegangen, strahlend wie die Sonne, am Ostermorgen.

Stellt euch vor – das ist wahr, das ist endgültig: ins dunkle, verworrene Knäuel unseres Lebens – deines Lebens, meines Lebens, unseres Lebens als Stadt, als Land, als Erdteil, als Welt insgesamt –, in dieses dunkle, verworrene Knäuel ist ein Keim, ist ein Embryo, ist ein Kind gesenkt, das nicht mehr umzubringen ist; ein Kind, das jedem Kindermord zu Bethlehem entkommt, ein Kind, das wächst und größer wird und am Ende siegen und alles in seinem Licht verklären wird.

Wo ist einer unter uns in dieser Nacht, der diesen Keim des Lichts im eigenen Herzen ganz und gar nicht spürt? Wo ist einer, der gar keine Sehnsucht in sich trägt nach Licht, nach Wärme, nach Erkenntnis, nach Liebe?

Sie mag begraben sein, verschüttet unter unerträglich vielen Schicksalsschlägen und Enttäuschungen und Verletzungen. Sie mag fest eingeschlossen sein in einer harten Schale von Trotz, von Verbissenheit, von Spott oder Ablehnung. Aber wo ist einer, der ihn gar nicht kennt, diesen kleinen Funken Hoffnung, daß eines Tages doch noch alles gut wird, daß alles sich löst; daß es ein Ankommen, eine Heimat, ein Ausruhen, ein Geborgensein, ein Sich-Finden – daß es *das Glück gibt?* Wer hat diese Sehnsucht ganz und gar nicht?

Das ist die Ahnung, die Botschaft, die Freude dieser Nacht: *nicht* all das fürchterlich Bedrohliche und Enttäuschende und Entmutigende und Verfahrene und Hoffnungslose ist das Wirkliche und Endgültige – ich brauche keine Beispiele aufzuführen; jeder erlebt sie täglich hautnah in seinem eigenen Leben; das schreit uns von jeder Seite der Zeitung und aus allen Nachrichten entgegen –, *nicht* all das, was uns den Lebensmut und die Freude raubt, ist das Endgültige, sondern dieser winzige Keim der Sehnsucht, dieses kleine, bedrohte, flackernde Lichtlein der Liebe in unserem Herzen wird am Ende recht behalten; dieser scheinbar so unwirkliche Traum vom Glück ist die wahre Wirklichkeit, und unser greifbarer, harter Alltag wird vergehen wie ein schlechter Traum, denn „ein Kind ist uns geboren, ein Sohn ist uns geschenkt". Und dieses Kind, dieser Sohn *bleibt,* wenn alles andere vergeht.

Diesen Sohn, dieses Kind tragt ihr alle im Herzen, liebe Schwestern und Brüder, als Samenkorn, als Embryo. Laßt ihn euch nicht nehmen, laßt ihn nicht abtreiben, von nichts und niemandem. Nein, laßt ihn wachsen und groß werden. Zündet dieses Licht der Hoffnung, der Sehnsucht, der Liebe immer neu an bei euch selbst, bei den Menschen um euch.

Die Nacht lastet tief und schwer über unserer Zeit. Es hilft nichts, darüber zu klagen. Es bringt nichts, andere deshalb anzuklagen. Nur eines hilft – uns selbst und allen anderen –: daß wir, du, ich, wenigstens ein kleines, ein winziges Licht bei uns selbst anzünden, ein Licht, das ein wenig Helligkeit und Wärme ausstrahlt.

Das klingt so bescheiden, so spärlich. Aber die größten Waldbrände beginnen mit einer winzigen Flamme, deren Züngeln gar niemand sieht. Das kleinste Licht der Liebe, das du anzündest, ist ein ewiges Licht, das für immer bleibt.

Das ist die Botschaft dieser Nacht, dieser Heiligen Nacht.

„Ein Kind ist uns geboren, ein Sohn ist uns geschenkt." Darum „fürchtet euch nicht, denn ich verkünde euch große Freude: Heute ist euch der Retter geboren in der Stadt Davids; er ist der Christus, der Herr." Er ist die Liebe. Er ist das erste und das letzte WORT Gottes an uns. Er ist das WORT, das *bleibt.*

Geborgen in der Liebe Gottes

31. Dezember, Predigt zum Jahresschluß

Heute nacht hat ein starker Wind vom Himmel alle Wolken weggeräumt, und bis gegen sechs Uhr morgens waren ungewöhnlich viele Sterne zu sehen. Da bin ich im Finstern über den Ramprecht gewandert und habe mir überlegt, was ich Ihnen heute abend zum Jahresschluß sagen soll. Ich stapfte durch den Schnee. Drüben lagen die dunklen Hügel vom Heldenberg, Schwarzhorn und Stuifen. Dazwischen eingebettet, von den kalten Lichtpunkten der Straßenlampen markiert, unser Winzingen, und weiter droben Wißgoldingen, klein wie Spielzeug. Kein

Laut war zu hören, kein Auto ist gefahren. Nur einmal hat ein Fuchs in der Ferne gebellt.

Es ist, als atme in solchen Stunden die Natur und die Landschaft auf und erhole sich vom Getöse und Gewimmel, das die Menschen veranstalten. Größer und ruhiger als im Tageslicht liegen sie da, die Hügel und die Wiesenflächen. Und die Menschen schlafen.

Wenn ich manchmal so vor Tagesanbruch auf das schlafende Winzingen herabschaue, bitte ich Gott um seinen Segen über Sie alle. Über die alten Menschen, die vielleicht nicht schlafen können, über die Kinder, die tief und sorglos schlummern, über die Männer und Frauen, die miteinander ruhen, voller Sorgen und Leid vielleicht, oder geborgen beieinander und froh. Ganz klein und fern liegen Sie alle da unten im Tal, zwischen den uralten Hügeln. Diese Hügel haben Geschlecht um Geschlecht kommen und gehen sehen. Bauern, die Jahr um Jahr die Felder bestellt haben, Jäger und Ritter. Napoleons Truppen sind hier durchgezogen, drüben, wo früher das Franzosenkreuz gestanden hat; Soldaten, Waldarbeiter, Wanderer, Familien sind gekommen und gegangen, Generation um Generation. Kinder haben das Licht der Welt erblickt, sind groß geworden, haben gearbeitet, gefeiert und gelitten und haben sich alt und ausgemergelt aufs Totenbett gelegt. Und mir kam da droben im Dunkeln das Psalmwort in den Sinn: „Was ist der Mensch, daß du an ihn denkst?“ (Ps 8,5).

Ein lauer Wind brauste durch die kahlen Zweige

der Bäume. „Windhauch, Windhauch", heißt es im Alten Testament bei Kohelet, „Windhauch, Windhauch, das ist alles Windhauch. Eine Generation geht, eine andere kommt. Er weht nach Süden, dreht nach Norden, dreht, dreht, weht, der Wind" (Koh 1,2.6). Ich habe mir vorgestellt, ich säße auf einem der zahllosen Sterne und blickte von dort droben auf unsere Erde herab. Sie wäre dann wie ein winziger Stecknadelkopf. Und man würde ein Mikroskop brauchen, um den hauchdünnen Schimmel zu erkennen, der ihre Oberfläche überzieht, wo sich wie Bakterien die Menschen tummeln. „Was ist der Mensch, daß du an ihn denkst?" Was ist jeder einzelne von uns in den unendlichen Weiten von Raum und Zeit?

– Wieder ist ein Jahr vergangen. Was ist alles gewesen in diesem Jahr? Jeder von uns hat viel Liebes und Leides erlebt. Kinder sind geboren, liebe Menschen sind verstorben. Wir haben graue Alltage erlebt und Feste miteinander gefeiert; beglückende Begegnungen waren uns geschenkt, schwere Stunden wurden uns zugemutet. Jeder, liebe Schwestern und Brüder, weiß genug davon aufzuzählen aus seinem eigenen Leben, aus unserer näheren und weiteren Umgebung, aus unserem Land, aus der Weltpolitik. All das geht ein und bleibt hinter uns im alten Jahr. Was davon wird eine bleibende Spur hinterlassen im Acker, im Meer der Geschichte? Ein Jahr um das andere zerrinnt.

„Was ist der Mensch, daß du an ihn denkst?", betet der Psalmist. Er richtet diese Frage an Gott. Und er betet weiter: „Was ist des Menschen Kind, daß du dich seiner annimmst? Du hast ihn nur wenig geringer gemacht als Gott, hast ihn mit Herrlichkeit und Ehre gekrönt. Du hast ihn als Herrscher eingesetzt über das Werk deiner Hände, hast ihm alles zu Füßen gelegt" (Ps 8,5–7).

Das ist eine überraschende Wende in unserer Betrachtung über die Vergänglichkeit und Nichtigkeit des Menschen.

Ja, Mensch, obwohl du so klein und unscheinbar bist, weniger als ein Staubkorn im Universum, kürzer als ein aufglimmender Funke in der Geschichte, völlig unerheblich im ewigen Kreislauf der Planeten – trotzdem bist du unendlich wichtig und groß und unsterblich. Du bist es allerdings nicht aus dir selbst. *„Du"*, o Gott, betet der Psalmist, „hast den Menschen nur wenig geringer gemacht als Gott." O Mensch, Gott nimmt dich unendlich wichtig, *dich* ganz persönlich. Gott liebt *dich,* ausgerechnet *dich.* Das gibt dir deine Würde, deine Größe.

Wir feiern das in dieser Weihnachtszeit: Gott liebt uns Menschen so sehr, daß er selbst *Mensch* geworden ist, um uns Anteil an seinem Gottsein zu schenken.

Wer sich *so* geliebt weiß, der kann getrost über seine eigene Vergänglichkeit nachdenken. Wer *so* geliebt wird, der hat keine Angst davor, daß seine Zeit zerrinnt. Er darf sich sagen: „Ich werde geliebt. Also bin ich unsterblich." Wer diese Liebe nicht kennt, der muß in der Tat Angst vor der Vergänglichkeit haben. „Wer nicht in der Liebe lebt, ist schon im Tod" (1 Joh 3,14). Er muß es verdrängen und überspielen, muß versuchen, nie daran zu denken: daß er vergeht. Daß er aus *sich* ein *Nichts* ist.

„Was ist der Mensch, daß du an ihn denkst", o Gott.
Er ist nichts.
Aber du denkst an ihn.
Du liebst ihn.
Darum ist er etwas, ist er viel.
„Du hast ihn nur wenig geringer gemacht als Gott."

Nichts können wir Menschen festhalten. Nichts können wir mitnehmen. Wir haben es wieder frisch erlebt an den Sterbebetten, an den Gräbern unserer kurz vor Weihnachten Heimgegangenen. Nichts bleibt.

Und *doch:* Wenn und weil *Gott* im Spiel ist, *bleibt alles.* Er sammelt alle unsere Tränen in seinem Krug. Er sammelt auch alle unsere Freuden. Alles Kostbare, alles Schöne, alles Liebe geht in seine Ewigkeit ein und *bleibt für immer.*

Zu *ihm* sind wir unterwegs durch all die Jahre. *Er* hält uns in seinen Händen.

Das habe ich mir gedacht und habe es gespürt, als ich heute nacht Sie alle in der Mulde zwischen den Hügeln vor mir liegen sah, klein wie Spielzeug, liebe Schwestern und Brüder, und das wollte ich Ihnen zum Schluß dieses Jahres sagen: Trotz allem. Trotz unserer Sorgen und Fehler und Sünden, trotz unseres kopflosen Herumgezappels und Gelaufes und Hetzens und Rennens hält uns einer in seinen Händen, ob wir wachen oder schlafen. Er hält uns in seinen großen, gütigen, unendlich geduldigen Händen und wartet zu, Jahr um Jahr. Und fängt uns auf, wenn wir fallen. Darum dürfen wir uns freuen auf dieses neue Jahr. Im Grunde *nur darum,* ganz gleich, was es an Liebem und Leidem auch bringen mag: weil wir uns in *Gottes Händen* wissen.

„Von diesen Händen wunderbar geborgen,
erwarten wir getrost, was kommen mag.
Gott ist der selbe: gestern, heute, morgen,
und ganz gewiß auch jeden neuen Tag."

Vom Mut, sich verwunden zu lassen

24. Januar 1982, Predigt zum Sebastiansfest

Zum heiligen Sebastian hatte ich bis vor kurzem, offen gestanden, keine besondere innere Beziehung. Erst als sein Festtag näherrückte und die Predigt vorbereitet werden sollte, begann ich mich näher für ihn zu interessieren. Ich las nach, was ich über ihn finden konnte, im Meßbuch, in den beiden alten Heiligenlegenden von Herrn Geiger, und in ein paar anderen Büchern. Aber immer noch wußte ich nicht so recht, was sich an seinem Fest über ihn sagen ließe. Schließlich kam mir der Gedanke: Frag ihn doch einfach selbst, den heiligen Sebastian, was er uns, hier in Winzingen im Jahr 1982, sagen will. Und so klappte ich alle Bücher zu und setzte mich in einer stillen Stunde, als sonst niemand da war, hier in unsere Kirche und fragte den heiligen Sebastian. Das heißt, ich fragte ihn gar nicht. Ich schaute ihn einfach an, hier auf der Männerseite unserer Kirche, wo er gleich zweimal unserem Gottesdienst zusieht, einmal aus dem Fenster, zum andern von der Konsole an der Wand; und in diesen Tagen sogar ein drittes Mal, vom Antoniusaltar her.

Da steht er also, dieser kräftige junge Mann mit dem athletischen freien Oberkörper, der im Winzinger Turnverein bestimmt alle Rekorde schlagen würde. Aber Sebastian hatte etwas anderes im Kopf, als sportliche Rekorde aufzustellen und den Leuten zu imponieren, und das, obwohl er ein Soldat war, eine kämpferische Natur. Auf dem Glasfenster kann man seinen kostbaren Helm sehen. Soldaten tragen gewöhnlich eine Uniform – früher trugen sie sogar eine schwere Rüstung –, und Soldaten haben eine Schußwaffe in der Hand. Aber unser Sebastian trägt keine Rüstung und keine Waffen. Er steht entblößt da. Er schießt nicht um sich, sondern er wird beschossen, mit Pfeilen. Auf unseren Bildern stecken einige wenige Pfeile in seinem Körper; in der alten Legende heißt es, die Kriegsknechte hätten derart auf ihn geschossen, „daß er stund gleich einem Igel". Er muß ausgesehen haben wie ein dicht gespicktes Nadelkissen, mit so vielen Pfeilen ist er durchbohrt worden.

Ein merkwürdiger Soldat also, sozusagen ein Anti-Soldat: einer, der nicht Schläge und Schüsse verteilt, sondern einer, der Schläge und Schüsse einsteckt.

Mir schien, als sei dies für uns heute das Wichtigste am heiligen Sebastian. Es war, als sagte er zu mir: Schau mich an. So ergeht es einem Nachfolger Christi. Und so verhält sich ein Nachfolger Christi. In einer Welt voller Aggression und Streit und Härte, voller gegenseitiger Anschuldigungen und Bedrohungen und Rücksichtslosigkeiten soll, kann ein wahrer Christ anders sein.

Ein Christ schlägt nicht zurück. Ein Christ fällt nicht über andere her. Ein Christ setzt nicht andere unter Druck. Ein Christ ist ein verletzlicher Mensch, ein sensibler Mensch, das heißt: einer, der ein Gespür hat für das Suchen und die Sehnsucht und die Not der Menschen; einer, der sich von allem, was andere leiden, mit verwunden läßt. Einer, der kein hartes Herz hat, sondern ein empfindsames, und darum ein verwundbares.

Unlängst habe ich eine Formulierung gehört, die mir dann bei meiner Begegnung mit dem heiligen Sebastian wieder eingefallen ist: „Der Held trägt eine Rüstung, der Heilige ist nackt." Das heißt: der Held, der Starke im Sinn dieser Welt walzt wie ein Panzer alle Schwächeren nieder. Der Heilige, der Starke im Sinn Gottes bewegt sich ungeschützt unter den Menschen. Und darum wird er immer wieder verwundet und umgebracht.

Schau mich an, schien mir der heilige Sebastian zu sagen: wie ich da stehe, an den Baum gefesselt und von Pfeilen durchbohrt, bin ich ein Bild des Menschen. Merkst du, wie viele Sebastiane in deiner allernächsten Umgebung leben? Ja, finde mir einen, der gar nichts von mir, von Sebastian an sich hat, einen ohne jede Verwundung, ohne jeden

Schmerz! Sieh mich an und sieh an mir, dem Sebastian, was jedem ernsten Christen bald in dieser und bald in jener Form widerfährt, wenn er der Passion, dem Kreuz, dem Baum, an den er gebunden ist, nicht entflieht.

Wo immer eine Kind weint, das ungerecht geschlagen wird, wo immer ein Mädchen, eine Frau über ihre Erniedrigung und ihr Mißbrauchtwerden Tränen vergießt, wo immer ein junger Mann in ein sinnloses Sterben geschickt wird, wo immer ein alter Mensch enttäuscht und einsam wartet, oder wo immer über ein ganzes Volk mit Gewalt hergefallen wird, da bin *ich, Sebastian,* und da ist *mein* Schicksal. Ich bin der preisgegebene, der verwundete, der geschändete, der von tausend Pfeilen durchbohrte Mensch. Ich bin an den Baum gebunden, aber an meiner Haltung seht ihr: ich würde auch ohne diese Stricke bleiben. Und darum bin ich ein Bild der Treue und des *Da*bleibens im Schweren. Ich halte stand, mag man noch so auf mich und gegen mich schießen. Ich laufe nicht davon. Ich schieße nicht zurück.

Wie hältst du das nur aus, heiliger Sebastian?, fragte ich ihn. Und dabei streifte mein Blick unser Bild über dem Hochaltar, und ich erkannte den Zusammenhang: da hängt einer genauso am Holz.

„Der Held trägt eine Rüstung, der Heilige ist nackt." Der Prophet Jesaja hat für ihn die Worte formuliert: „Meinen Rücken bot ich denen, die mich schlugen. Ich habe mich nicht gewehrt, bin nicht zurückgewichen. Mein Gesicht verbarg ich nicht vor

Schmähung und Speichel" (vgl. Jes 50,5–6). Christus hängt genauso am Holz wie Sebastian.

Sebastian hängt genauso am Kreuz wie Christus, festgebunden, angenagelt. Sebastian war durch und durch wie Christus.

Wo einer *so* in Treue standhält mitten im Pfeilregen, da geschieht ein Durchbruch, ein Aufbruch. Wo sich einer wehrlos verwunden läßt, da wird der Teufelskreis von „Wie du mir, so ich dir" durchbrochen. Da keimt wahre Liebe, da wachsen Barmherzigkeit, Versöhnung, Friede.

Im alten Volksglauben heißt es, vom Sebastianstag an treibe der Saft in die Bäume, weil ihre Stämme vom Blut des Heiligen warm werden. Auf unserem Glasfenster ist das tatsächlich dargestellt, wie aus dem verdorrten Baum frische Blätter treiben. Das ist ins Bild umgesetzt die tiefe Wahrheit, daß dort, wo einer seine Wunden annimmt und trägt, aus dem dürren, toten Holz des Kreuzes ein neuer Baum des Lebens wird.

Das, liebe Schwestern und Brüder, hat mir der heilige Sebastian für Sie gesagt. Ich denke, wir haben nicht nur einen zeitlosen, sondern einen ganz aktuellen Kirchenpatron, einen Patron, in dem wir uns selbst wiedererkennen können, wir verletzte, von Pfeilen durchbohrte Menschen; einen Patron, an dem wir aber auch unsere Berufung und unsere Verheißung ablesen können, unseren Glauben und unsere Hoffnung als Christen.

Vom Pilgern und vom Mut, seine Wunden zu zeigen

31. Januar 1982, Sonntagspredigt über den heiligen Rochus

Am letzten Sonntag haben wir unseren Kirchenpatron, den heiligen Sebastian, gefeiert. Im Schauen auf ihn auf der Männerseite unserer Kirche haben wir einstweilen unserem zweiten Kirchenpatron, dem heiligen *Rochus* auf der Frauenseite, den Rükken gekehrt. Aber der heilige Rochus hat sich gemeldet und möchte uns auch sein Wort sagen.

Der heilige Rochus trägt den Pilgerstab. Er ist ein Mensch, der sein Leben lang auf Wanderschaft ist. Ursprünglich war er ein reicher junger Mann gewesen. Aber er hat sein Vermögen verkauft und hat seine Heimat verlassen. Das bringt uns ihn gleich nahe. Denn auch wir erfahren heute wieder stärker, was schon der heilige Paulus gesagt hat, was aber nicht immer so deutlich zu spüren war: daß wir Pilger und Fremdlinge in dieser Welt sind, die noch ihre wirkliche Heimat suchen. Unsere Mitbürger, die aus Schlesien stammen, wo man den heiligen Rochus besonders verehrt, haben in ihm, der auch ein Flüchtling war, einen guten Patron gefunden. Aber auch wir anderen, die wir nie durch Krieg oder sonstige politische Umstände unsere äußere Heimat verloren haben, spüren heute in vieler Hinsicht eine Entwurzelung und Entfremdung von vielem Vertrauten. Es ist, als schwanke der Boden unter unseren Füßen, als laufe uns die Zeit davon, als zerbrächen oder zersetzten sich viele gewohnte Lebensregeln und Kreise und Selbstverständlichkeiten, in denen wir uns zuhause und geborgen gefühlt hatten. Sie wissen es besser als ich, was sich auch in Winzingen alles im Lauf von zehn, dreißig, fünfzig Jahren geändert hat, was anders geworden ist. Und wie gut es dann tut, im Amtsblatt die Fortsetzungsreihe über „das tausendjährige Dorf" Winzingen zu lesen, und wie sich da Heimweh nach dieser Vergangenheit regen kann. Doch es gibt kein Zurück, sagt uns der heilige Rochus. Man muß den Wanderstab ergreifen und weiterwandern auf dem Weg des Lebens, in die Zukunft, jenem Ort und jener Zeit entgegen, wo unsere wahre, endgültige Heimat anbricht und wahr wird. Jede schmerzliche Erfahrung des Vergehens und Verlierens und des Ungenügens will uns daran erinnern. Das ist das eine am heiligen Rochus: sein Wanderstab.

Und dann hat er noch etwas anderes, Auffälligeres an sich. Er zeigt sogar ausdrücklich darauf: der heilige Rochus hat eine *Wunde.* Das verbindet ihn mit dem heiligen Sebastian. Auch für ihn gilt das Wort: „Der Held trägt eine Rüstung, der Heilige ist nackt."

Aber der heilige Rochus hat es ein wenig anders verwirklicht als der heilige Sebastian. Sebastian hat sich den Pfeilen ausgesetzt, hat sich verwunden lassen, ohne zurückzuschießen. Rochus *zeigt* seine Wunde. Er gibt offen zu, daß er *krank* ist. Und er will uns sagen, daß auch das zum Menschsein, zum

Heiligsein gehört: der Mut, seine Schwachheit, seine wunde Stelle zu zeigen.

Es gibt eine falsche Sucht, allen Leuten von seinen Wehwehchen zu erzählen und allen die Ohren vollzujammern, als trage man *allein* die ganze Last der Welt. Das ist hier nicht gemeint. Hier geht es um unsere Neigung, uns voreinander zu verstecken und Fassaden aufzubauen. Wir Menschen spielen immer wieder miteinander Theater und verheimlichen oder überspielen irgendetwas weniger Vorteilhaftes, schwindeln und mogeln uns etwas vor. Das ist der Reiz des Faschingsfeierns, das jetzt allmählich anfängt: daß jeder eine Maske aufsetzen darf und sein wahres Ich dahinter verstecken kann. Das ist ein wunderschönes Vergnügen, das für ein paar Tage im Jahr ganz lustig und harmlos sein kann. Schlimmer wird es allerdings, wenn wir das im Grunde genommen jahraus, jahrein tun: eine Verkleidung, eine Maske tragen. Hinter der Fassade etwas sind und haben, was die anderen nicht sehen dürfen. Wir bestrafen uns damit selbst am meisten, denn das läßt uns in der ständigen Angst leben, jemand könnte uns entlarven. Und das macht uns sehr einsam, wenn wir niemandem anvertrauen, wie arm und verwundet wir sind.

Da sagt uns der heilige Rochus: Es ist keine Schande, ein Mensch mit Schwächen und Blößen zu sein. Habt den Mut, die Wahrheit über euch selbst zu offenbaren. Ihr müßt sie nicht zur Schau tragen. Aber es gibt bestimmt Menschen, denen ihr eure verborgene Wunde zeigen könnt und die euch dann nicht verachten. Im Gegenteil: wo Menschen sich ihre Wunden zeigen, da entsteht Vertrauen, da entsteht Gemeinschaft. Da atmen alle erlöst auf und sagen: Ich bin so froh, nicht mehr den Starken spielen zu müssen, sondern mit meiner Schwachheit angenommen zu werden.

Nur Wunden, die man zeigt, werden geheilt. Und sie *werden* geheilt. So sagt uns der heilige Rochus: du wirst erfahren, was es heißt, *erlöst* zu werden, wenn du deine Wunde zeigst. Suche jemanden, dem du sie zeigen kannst. Das kann im Beichtstuhl oder im Beichtgespräch sein, das kann in der Aussprache mit einem vertrauenswürdigen Menschen sein, das kann – und sollte – im Austausch mit dem Ehegefährten immer wieder geschehen. Wunden trennen uns nicht. Wunden, Schwächen verbinden uns, denn sie schaffen die Möglichkeit, daß einer des anderen Last mitträgt.

Letzten Sonntag hat uns der heilige Sebastian an den Gekreuzigten erinnert. Heute erinnert uns der heilige Rochus an den auferstandenen Herrn, der den Jüngern seine Wunden zeigt, die ihn in alle Ewigkeit mit den Menschen verbinden. Und indem er seine Wunden zeigt, stiftet er Gemeinschaft, öffnet er verschlossene Türen, bringt er den Frieden. Daran will uns der heilige Rochus erinnern, wenn er droben auf seiner Konsole in der einen Hand den Pilgerstab trägt und mit der anderen unablässig auf seine Wunde zeigt. Ich denke, auch *er* ist ein recht aktueller Kirchenpatron für uns verwundete Menschen, die nach Geborgenheit und Heimat suchen.

Wenn wir am Ende sind

13. Februar 1982, persönliche Meditation über Markus 8,1–10

„Die Menschen tun mir leid; drei Tage sind sie schon bei mir und haben nichts zu essen."

Das ist immer wieder unsere eigene Situation, wenn wir Jesus nachfolgen: daß wir an einen Punkt kommen, da uns die Nahrung, da uns die Puste ausgeht. Und das ist merkwürdig. Wir würden erwarten, daß in der Nähe Jesu fette Weide zu finden ist, wie sie der 23. Psalm verspricht. In Wirklichkeit bringt uns die Nachfolge Jesu an den Rand. An einen besonderen Rand allerdings.

„Drei Tage sind sie schon bei mir." Mit den „drei Tagen" bezeichnet die Heilige Schrift an mehreren Stellen die Zeit, in der sich ein Umwandlungs-, ein Heilprozeß vollzieht. Beim Propheten Hosea lautet ein Aufruf zur Buße: „Kommt, wir kehren zum Herrn zurück! Denn er hat (Wunden) gerissen, er wird uns auch heilen; er hat verwundet, er wird auch verbinden. Nach zwei Tagen gibt es uns das Leben zurück, am *dritten Tag* richtet er uns wieder auf, und wir leben vor seinem Angesicht" (Hos 6,1–2).

Die drei Tage stehen für den Prozeß, in dem Wunden geschlagen werden, ein Tod gestorben und eine Auferstehung geschenkt wird. Es ist das Triduum Sacrum, das wir in der Heiligen Woche feiern: Karfreitag, Karsamstag und Ostersonntag.

„Drei Tage sind sie schon bei mir und haben nichts zu essen." Ihre menschlichen Reserven sind erschöpft. „Wenn ich sie hungrig nach Hause schicke, werden sie unterwegs zusammenbrechen."

Das Wunder des dritten Tages geschieht: Wider alle menschliche Erwartung und Möglichkeit essen die viertausend Leute und werden satt.

Auch dem entspricht unsere eigene geistliche Erfahrung.

Wie kommt es zu diesem Wunder?

Da ist ein Rest, der allerletzte Rest an Brot. Es ist ein verschwindend kleiner – sieben Brote für viertausend Menschen. Für jeden nicht mehr als eine winzige Brotkrume. Aber diese Brotkrume wird zum Senfkorn, aus dem ein Baum wächst, größer als alle anderen Bäume, und er trägt Frucht im Übermaß. Als die viertausend gegessen haben, bleiben sieben Körbe – sieben ist die Zahl der Fülle – voll Brot übrig.

Das Senfkorn, die Brotkrume, die uns am dritten Tag unserer Krise bleibt, ist unser letzter Rest an Hoffnung, an Glauben, an Liebe. Unser letzter Funke Sehnsucht vor dem endgültigen Verhungern.

Wie kommt das Wunder zustande, daß er auflodert und zum großen, brennenden Feuer wird, das die Nacht des Sterbens vertreibt?

Jesus fordert die Leute zunächst auf, „sich auf den Boden zu setzen". Auch wir müssen uns zunächst auf den Boden unserer eigenen Wirklichkeit stellen. Und das ist die Wirklichkeit unserer Armut. Arme haben es oft mit der Angst zu tun, mit einer elementaren Lebens- und Überlebensangst. Die Folge ist, daß sie sich an alles klammern, was ihnen Halt geben könnte. Daß sie alles festhalten, was sie haben. Daß sie mit ihrem Sinnen und Denken ganz um sich selbst kreisen. Diesen Kreis gilt es zu durchbrechen, damit diese höllische Armut zur Armut im Geist wird, die Jesus seligpreist. Wie kann das geschehen?

Indem wir unseren letzten Rest Hoffnung und Sehnsucht zu Jesus bringen unter Danksagung und mit Bitten. Wenn wir am Ende sind, bleibt uns nur noch eines: das Gebet. Vielleicht *müssen* wir deshalb immer wieder an ein Ende geraten: damit wir das spüren. Damit es uns ins Gebet *treibt* und *drängt,* und damit wir von nichts anderem mehr die Erlösung erwarten als *davon.* Und dann geschieht das Wunder der Eucharistie, der Danksagung mit armen, letzten Gaben: der Herr verwandelt unseren letzten Rest in die größte Gabe.

„Jesus nahm die sieben Brote, sprach das Dankgebet, brach die Brote und gab sie seinen Jüngern zum Verteilen, und die Jünger teilten sie unter die Leute aus. Sie hatten auch einige Fische bei sich. Jesus segnete sie und ließ sie austeilen. Die Leute aßen und wurden satt."

Der rettende Rest

16. Februar 1982, persönliche Meditation über Markus 8, 14–21

Sie saßen im Boot und waren voller Sorgen, daß sie kein Brot bei sich hatten.

So geht es auch uns immer wieder. Da sind wir losgezogen, haben das feste Land hinter uns gelassen, sitzen nun im Boot und stellen mit einem Mal fest: unser Brot reicht nicht. Wir sind nicht gut genug ausgerüstet. Diese Feststellung, dieses Gefühl kann schnell in Nervosität, in Angst, in Panik umschlagen. Nach menschlichem Ermessen kann das nicht gut ausgehen.

Ich denke, darauf läßt sich Jesu Warnung beziehen, sich vor dem Sauerteig der Pharisäer und vor dem Sauerteig des Herodes zu hüten, die etwas unpassend in unseren Text eingeschoben zu sein scheint. Sauerteig ist eine Masse, die in der Substanz, im Innern, im ganzen Teig gärt und arbeitet, bis alles ganz durchsäuert ist. Das Reich Gottes wird einmal mit einem Stücklein Sauerteig verglichen, das eine Hausfrau nahm und ins Mehl mengte. Aber auch irdische Sorgen wirken so: verborgen, alles durchdringend. Sie machen alles sauer.

Der Sauerteig der Pharisäer: das ist der Sauerteig einer Religion des Gesetzes, der Leistung, des Erfolgs, des subtilen Stolzes, der Heuchelei ... (Lk 12, 1).

Der Sauerteig des Herodes: das ist der Sauerteig des Denkens in Kategorien der Macht, der Diplomatie, des Ansehens, der äußeren Ordnung. Solcher Sauerteig gärte in den Jüngern, als sie im Boot saßen und sich Sorgen machten, weil sie kein Brot bei sich hatten. Ein Sauerteig menschlich-allzumenschlichen Denkens, das nichts mehr von *Gott* erwartet.

Typisch für solches Sorgen ist, daß es sofort die Perspektiven verzerrt. Es dramatisiert die Lage: „weil sie kein Brot bei sich hatten". – Zwei Sätze davor hatte es noch geheißen, daß sie immerhin ein einziges Brot im Boot hatten. Die Sorge macht blind, und sie sieht auch dieses einzige Brot nicht mehr.

Und doch kommt es gerade auf dieses einzige Brot, auf diesen Rest an, der nach menschlichem Ermessen viel zu klein ist. Dieser Rest ist das Unterpfand des Wunders, das ständig neu in unserer Mitte wahr werden kann.

In diesem Evangelium hier fällt auf, daß Jesus die Jünger fragt, ob sie sich denn nicht an die *Reste* der zwei großen Brotvermehrungen erinnern. Naheliegender wäre es, daß er sie an die Brotvermehrungen selbst erinnern würde. Aber nein, sie sollen sich an die *Reste* erinnern und sich an sie halten, an die zwölf Körbe und an die sieben Körbe. Schon die Zahlen der Restkörbe – zwölf und sieben – deuten eine Fülle an. Im *Rest* ist die Fülle verborgen da.

„Versteht ihr immer noch nicht?", fragt Jesus die Jünger.

Er *selbst* ist in seiner Armut und Niedrigkeit der irdische Rest des unendlichen Gottes.

Er *selbst* ist das letzte Stück Brot, das sie im Boot haben.

Und im Sakrament, das wir im Zeichen des Brotes und Weines feiern, ist *er* mitten unter uns, ist *er* bei uns hier im Boot.

Dieses Sakrament ist der *Rest* von ihm, der uns daran erinnert, wie er die fünf Brote für die fünftausend brach, und wie er die sieben Brote für die viertausend brach.

So sitzt er bei uns im Boot und stellt auch uns die Fragen:

„Was macht ihr euch darüber Gedanken, daß ihr kein Brot habt?
Begreift und versteht ihr immer noch nicht?
Ist denn euer Herz verblendet?
Habt ihr Augen und seht nicht, und Ohren und hört nicht?"

Warum ist Gott so abwesend?

17. März 1982

Theophilus von Antiochien († um 180) schreibt an Autolycus: „Gott wird von denen, die ihn sehen können, erkannt, wenn die Augen ihrer Seele geöffnet sind. Alle haben diese Augen, aber bei manchen sind sie getrübt, und sie sehen das Licht der Sonne nicht. Aber wenn die Blinden nicht sehen, so folgt daraus nicht, daß die Sonne nicht scheint. Es liegt vielmehr am Blinden selbst, an seinen Augen. Auch die Augen deiner Seele sind getrübt, o Mensch, sie sind es durch deine Sünden und deine bösen Taten.

So rein wie ein blanker Spiegel muß die Seele des Menschen sein. Wenn du willst, kannst du geheilt werden. Vertrau dich dem Arzt an. Er wird den Augen deiner Seele den Star stechen. Wenn du rein, heilig und gerecht lebst, dann kannst du Gott schauen" (Vigil-Lesung, 3. Fastenwoche Mittwoch im Monastischen Lektionar).

Ist dies wirklich die *ganze* Antwort auf die Frage, warum Gott von unserer heutigen Welt so schmerzlich abwesend ist? Gewiß, „wenn die Blinden nicht sehen, so fogt daraus nicht, daß die Sonne nicht scheint". Ich glaube, daß sie durchaus scheint. Aber warum sind wir, warum bin ich so blind für Gott? Wegen meiner Sünden und meiner bösen Taten? Ist dies nicht die allzu billige Antwort der klugen Freunde Ijobs, als er verzweifelt die Frage zum Himmel schreit, warum ihn Gott zerschmettert habe, obwohl er ihm doch nach bestem Wissen und Gewissen gedient hat? Ijob weigert sich, den Grund für Gottes grausames Handeln nur in sich selbst zu suchen und sich zu zerfleischen im Suchen nach verborgenen, unbewußten Sünden und Fehlern. Und jener, für den Ijob nur eine Vorahnung war, Jesus, schreit ebenfalls sein „Gott, mein Gott, *warum* hast du mich verlassen?" zum Himmel, und er war ohne jede Sünde, und darum paßt die Antwort des Theophilus ganz gewiß nicht auf ihn.

Wenn ein Mensch oder eine ganze Zeit ins Dunkel vor Gott gerät, dann muß es dafür noch andere Gründe geben als die individuelle Schuld. Vielleicht ist es die kollektive Schuld des ganzen Zeitalters, die gerade *der* am schwersten mittragen muß, der Gott besonders intensiv sucht. Diese Schuld darf im übrigen nicht in der Entwicklung der modernen Wissenschaft und Technik *an sich* gesucht werden, denn das wäre ein Rückfall in den Mythos von Prometheus, dem ein kleinlicher Gott das Feuer, die Autonomie und Mündigkeit nicht gönnt.

Gottes „Belohnung" für den Einsatz des Menschen bei der Suche nach ihm und für sein Bemühen, nicht in Sünden zu leben, muß nicht unbedingt die Eröffnung der Schau Gottes sein; die „Belohnung" scheint eher darin zu bestehen, daß der Mensch tief ins Schicksal Christi hineingenommen wird, und zunächst in die dunkle Seite dieses Schicksals.

Die Waffen Christi

20. März 1982

„Man kann nicht mit den Waffen dieser Welt für Christus kämpfen, sondern wenn man mit den Waffen dieser Welt kämpft, so erkämpft man die Welt – die Welt überwinden kann man nur, wenn man die Welt überwindet."

„Die heilige Religion ist doch das Mysterium der

göttlichen Geduld selbst! Christus siegt nicht im Kampf gegen das Kreuz, sondern am Kreuz – Christus kann das Kreuz der Glaubensspaltung nur am Kreuz der Glaubensspaltung besiegen – Christus siegt nur im Mysterium seiner Liebe!" (Gertrud von le Fort, Die magdeburgische Hochzeit).
Christus kann das Kreuz der Gottferne nur am Kreuz der Gottferne besiegen;
das Kreuz des Leidens nur am Kreuz des Leidens,
das Kreuz der Zerrissenheit nur am Kreuz der Zerrissenheit,
das Kreuz der Nacht nur am Kreuz der Nacht.
Erlöst wird, was *angenommen* wird.

Armut, Ohnmacht und Abwesenheit

2. April 1982

„Viele, die alles wegwerfen, was nicht Gott ist, laufen Gefahr, alles wegzuwerfen, was nicht ihr Ich ist; viele Dinge wegzuwerfen, die Kundgebungen Gottes sind, und Gott selbst wegzuwerfen, der sich in ihnen kundgeben will. In Wirklichkeit geht es nicht darum, irgendetwas wegzuwerfen, sondern zuzulassen, daß man von allem entblößt wird, was Gott einem nehmen will" (J. H. Griffin).

„Entscheidend ist, daß dies alles von Gott her ‚aufgeladen' wird; nicht nur das Gottfremde des Übernommenen wird für den Gottliebenden, durch Gott Genährten (Mt 4,4; Joh 4,34) zum schlechthinnigen Ekel, sondern die Verfügtheit dieses schlechthin Widergöttlichen durch Gott erzeugt in ihm die absolute Angst. Jobs Erfahrung deutet in diese Richtung: er erfährt beides zugleich: Gottes völlige Abwesenheit in all dem, was ihm aufgebürdet ist, und die noch unheimlichere Anwesenheit eines Gottes, der ihn ‚umzingelt' (Job 3,23), ihn ‚jagt' (10,16) und ihm ‚nachstellt' (10,17), und weil der Leidende in der gänzlichen Ohnmacht ist, wird er von Gott ‚vergewaltigt' und ‚entwürdigt' (10,3). Die unbegreifliche Einheit von Weltsünde und Gotteswille verunmöglicht jedes Verhältnis zu Gott wie zur Welt. Der Preisgegebene ist in der Vereinsamung schlechthin" (H. U. von Balthasar, Herrlichkeit III, 2, Teil II, 138).

Einer ist nicht geflohen vor unserer Angst

2. Mai 1982, Predigt zum 4. Sonntag der Osterzeit/B
Johannes 10,11–18

Vor einigen Jahren ist ein Buch erschienen mit dem Titel: „Weil du nicht geflohen bist vor meiner Angst". Der Untertitel lautet: „Ein Ehepaar durchlebt die Depression des einen Partners". Geschildert wird in diesem Buch, wie eine junge Frau es lernt, mit ihren Depressionen zu leben, ja, wie sie ein Stück weit von ihren Depressionen geheilt wird, weil ihr Mann, wie der Buchtitel sagt, nicht geflohen ist vor ihrer Angst, sondern mit unendlicher

Geduld in diesen Zuständen bei ihr ausgehalten hat.

Die Frau schreibt darüber: „Stundenlang saßen wir beieinander, und ich versuchte, mich im Wirrwarr meines Inneren zurechtzufinden. Ich lehnte mich an meinen Mann und begann zu sprechen, irgendeinem Gedanken nachzugehen, der sich mir gerade anbot. Er hörte zu mit unendlicher Geduld, ... horchte auf die Gefühle, die ich geäußert hatte, lockte mich durch Fragen, in der einen oder anderen Richtung weiterzusprechen. Er machte mir Mut, wenn ich Angst hatte, irgend etwas auszusprechen, das mir selbst viel zu schrecklich erschien, als daß ich es je hätte äußern dürfen. Manchmal schmiegte ich mich eng an ihn, um so viel Schutz wie möglich zu erfahren, damit ich es wagen konnte, irgend etwas auszusprechen" (S. 15).

Und sie sagt weiter von ihrem Mann: „Er tat mir oft leid, wenn er mir Stunde um Stunde zuhörte. Ich hätte ihn lieber geschont, aber ich wußte, daß es für mich keine andere Möglichkeit zur Heilung gab als das Gespräch mit ihm. Manchmal spürte ich sogar, daß ich ihn mit meiner eigenen Schwermut ansteckte, so daß ich ihn dort wieder herausholen mußte. Und so gelähmt ich dann auch selber war, ich konnte es. Wir machten die Erfahrung, daß Depressionen ungeheuer ansteckend sind. Der Weg zur Heilung, den wir einschlugen, setzte die Bereitschaft voraus, sich anstecken zu lassen" (S. 17).

Dieses Zitat sagt uns im Grunde mit anderen

Worten alles Wesentliche, was uns gerade im Evangelium gesagt worden ist. Jesus Christus war und ist *der* gute Hirt, weil er nicht geflohen ist vor unserer Angst. Er ist mit uns darin geblieben bis zum Tod am Kreuz. Er hat mit uns dieses fürchterliche „Warum?" zum Himmel geschrien, das auch wir schreien, wenn ein unerklärliches Leid über uns, gerade über uns herfällt. „Der gute Hirt gibt sein Leben für die Schafe. Der Taglöhner läßt sie im Stich und flieht", wenn es kritisch wird.

Weil Jesus Christus nicht geflohen ist vor unserer Angst, darum ist er unser guter Hirt. Darum darf er sagen: „Ich kenne die Meinen, und die Meinen kennen mich, wie mich der Vater kennt und ich den Vater kenne." Wir Menschen begnügen uns meistens damit, Bescheid übereinander zu wissen. Und wenn wir genügend übereinander Bescheid wissen, dann meinen wir, einander allmählich zu durchschauen.

Wer sich durchschaut fühlt, der fühlt sich bloßgestellt. Und wer einen anderen zu durchschauen meint, der neigt dazu, ihn zu *verachten.*

Etwas ganz anderes ist das Einander-Kennen. Dieses Kennenlernen setzt eine grenzenlose Hingabe voraus. Die Bereitschaft, nicht zu fliehen vor der Angst, vor den dunklen, den schweren, den negativen, den häßlichen Seiten des anderen.

Ehepaare versprechen einander bei der Heirat: „Ich nehme dich an als meine Frau/meinen Mann. Ich verspreche dir Treue in guten wie in bösen Tagen, in Gesundheit und Krankheit. Ich will dich lieben, achten und ehren, solange ich lebe."

Mit dem Einander-Kennenlernen auf dieser Grundlage kommt man in Ewigkeit an kein Ende. Wir rühren dabei an Gott. Wir bekommen Anteil am ewigen Erkennen von Vater und Sohn im Heiligen Geist.

Jesus sagt:
„Ich kenne die Meinen,
und die Meinen kennen mich,
wie mich der Vater kennt,
und ich den Vater kenne."

Der Grund, die Bedingung ist auch bei ihm: „Ich gebe mein Leben für die Schafe." Es gibt keinen billigeren Preis für das Einander-Erkennen und -Lieben als die Hingabe des eigenen Lebens. Wer sein Leben für sich behält, wird es verlieren. Er wird in Ewigkeit allein bleiben. Und ewiges Alleinsein – das ist die Hölle.

Da ist einer nicht geflohen vor unserer Angst, vor unserer Erbärmlichkeit. Er ist nicht geflohen vor unserer Einsamkeit, sondern hat diese Hölle aufgesprengt, nachdem er selbst bis auf ihren Boden hinabgestiegen ist. Er hat uns Menschen buchstäblich geheiratet, ist *ein* Fleisch mit uns geworden. Er hatte die Bereitschaft, sich von uns anstecken zu lassen, und er ist bei uns geblieben bis zum Tod am Kreuz.

Seither ist Heilung, ist Erlösung für uns *möglich.* Wir können uns mit all unserer Not, unserer Last, unseren Schmerzen und Fragen und Ängsten an ihn schmiegen und dürfen erfahren: er ist *bei* uns, wie dieser Mann bei seiner Frau war, in unendlicher Geduld.

Und im Blick auf ihn können wir für andere ebenfalls da sein als „gute Hirten“ in unendlicher Geduld; können sie erlösen und heilen, wenn wir nicht fliehen vor ihrer Angst.

Ein guter Hirt

4. Mai 1982, Ansprache im Begräbnisgottesdienst für Josef Schnelldorfer

Der Beruf des Hirten, des Schäfers ist – neben dem des Fischers – einer der wenigen Berufe, die im Evangelium unmittelbar zum Vergleich dafür verwendet werden, was Gott für uns ist. Zwischen einem guten Schäfer und seinen Schafen besteht ein tiefes Vertrauensverhältnis: „Meine Schafe hören auf meine Stimme. Ich kenne sie, und sie folgen mir“ (Joh 10,27). Das kommt daher, weil sie Tag und Nacht miteinander leben und über die Weiden ziehen. Sie teilen ihr Leben. „Ich gebe ihnen ewiges Leben; sie werden niemals verlorengehen, und niemand wird sie aus meiner Hand reißen“ (Joh 10,28). Ein guter Hirt gibt sein Leben für seine Schafe.

Unser Josef Schnelldorfer war ein guter Hirt, ein Schäfer mit Leib und Seele. Er war letzten Sommer einer der ersten Winzinger, die ich näher kennenlernte, und er hat mir oft und gern von seiner Schäferzeit erzählt, vor allem von den dreißig Jahren, die er im Dienst des Grafen Rechberg gestanden, und in denen er hier in der Gegend mit seiner Herde übers Land gezogen ist. Als er nicht mehr zur Kirche gehen konnte, da durfte ich ihm jede Woche die Kommunion ins Haus bringen, und ich denke, Gott hat das mit Bedacht so gefügt. Dieser alte Hirt sollte, als er mit seinen über neunzig Jahren alt und schwach geworden war, erfahren dürfen, daß es stimmt, was der Psalmist sagt: „Der Herr ist mein Hirte. Nichts wird mir fehlen" (Ps 23,1).

Einem Menschen, der sein Leben lang Gott nachgegangen ist, dem geht auch Gott nach, wenn er selbst nicht mehr gehen kann. Und unser Josef Schnelldorfer ist sein Leben lang Gott nachgegangen; ist sein Leben lang seinen Weg mit Gott gegangen.

Die Begegnung mit ihm und mit etlichen anderen alten Menschen in Winzingen gehört zum Eindrucksvollsten, was ich hier bis jetzt erfahren durfte; wie da für Menschen *Gott* im Alter zum ganz selbstverständlichen Raum wird, zur Luft, die sie atmen, zum Vater, dem sie mit einem einfachen, schlichten Vertrauen ihr Leben in die Hände legen. So etwas lernt man nicht von allein. Das will ein Leben lang in Treue eingeübt sein. Und unser Josef Schnelldorfer hat das getan.

Ja, das ist eine weitere Entdeckung, die ich hier in Winzingen machen konnte: wie viel Gutes da in aller Selbstverständlichkeit im Verborgenen geschieht, und wie gerade die einfachen, weniger begüterten Menschen sehr viel verschenken an Gott und an die Menschen. Unser Josef Schnelldorfer hat im Stillen mit seinem Schäferlohn mehreren Priestern das Studium finanziert; er hat mit Freude und Hingabe hier in unserer Kirche den Mesnerdienst versehen, so lange er konnte; und er hat sehr viel gegeben zur Renovierung seines lieben Winzinger Kirchleins, auf das er richtig stolz war, seit es so schön und sauber dasteht. Solange es ging, ist er treu zum Gottesdienst erschienen, und beim Friedensgruß habe ich ihm immer zunicken können da droben auf der Empore, und er fehlt mir, seit er nicht mehr den Weg geschafft hat.

Menschen wie er kommen nicht in der Zeitung und tauchen nicht in der Weltpolitik auf; aber Menschen wie er sind wie die verborgenen Wurzeln, die unsere Welt und unsere Kirche am Leben halten.

Und damit sind wir wieder bei seinem verschwiegenen, stillen Beruf, dem des Schäfers. Lange Jahre, ja Jahrzehnte ist er mit seinen Tieren landauf, landab gezogen. Man sollte meinen, das ist ein rechtes Vagabundenleben, das den Menschen wurzellos macht. Doch Josef Schnelldorfer hatte seine Wurzeln tief in den Heimatboden gesenkt. Sein Leben lang hat er seinen wunderschönen heimatlichen niederbayrischen Akzent nicht abgelegt. Und dann hat er an *der* Heimat gehangen, die er in Winzingen gefunden hat, in dem kleinen Häuschen drüben in der Alten Gasse. Letzten Sommer sah es fast so aus, als müsse er auf seine alten Tage noch umziehen in ein fremdes Altersheim. Das waren schlimme Tage, die ihn ganz an den Rand gebracht haben, und diese späte Verpflanzung hätte den alten Baum wohl vor Gram sterben lassen. Zum Glück ließ sich dann doch eine andere Regelung finden. Er durfte daheim bleiben. Und was da in den letzten Monaten seine Nachbarin, Frau Geiger, für ihn getan hat, all diese liebevolle Umsicht und Sorge, ging weit über das hinaus, was man mit Geld jemals bezahlen kann. Auch das ist für mich ein beglückendes Beispiel für jene praktische selbstverständliche Liebe, die unsere Welt ganz im Verborgenen zusammenhält. So mußte unser Josef Schnelldorfer nicht mehr umziehen.

Das heißt, *einen* Umzug hat er sich selbst noch gewünscht, den letzten, den entscheidenden. „I will hoam", hat er in den letzten Wochen immer wieder gesagt. Eine noch schönere Heimat als seine Winzinger Heimat hat ihn gerufen, und er hat sich immer mehr nach ihr gesehnt. „I will hoam." Das ist die Heimat, von der wir in der Lesung gehört haben: Dort wird das Lamm „sie weiden und zu den Quellwassern des Lebens führen, und Gott wird jede Träne aus ihren Augen wischen" (Offb 7,17).

In einem über neunzigjährigen Leben sind gewiß viele Schmerzen und Wunden und Tränen aufgehoben; und auch viele schöne Erlebnisse, Erfahrungen, Begegnungen werden darin verzeichnet sein. Nichts, gar nichts von alledem, so glauben wir, ist vergessen und verloren. Alles ist gesammelt und geborgen bei dem, von dem unser Leben kommt und zu dem es heimkehrt; bei unserem Hirten, der zu uns sagt: „Ich gebe euch ewiges Leben; ihr werdet niemals verlorengehen, und niemand wird euch aus meiner Hand reißen" (vgl. Joh 10,28).

Du fehlst uns jetzt in Winzingen, lieber Josef

Schnelldorfer, als einer unserer ältesten und liebsten Bürger. Aber wir wissen: du bist uns nicht verlorengegangen, sondern dich hat der gute Hirt auf seine Schulter genommen und dorthin getragen, wo wir hoffen, einander alle wiederzufinden. Uns bleibt nicht nur der Schmerz, sondern auch der Dank an Gott, daß er uns dich so lange geschenkt hat, und die Bitte, daß auch wir den Weg mit so sicherem Gespür finden wie du, den Weg „hoam", heim, in die ewige Heimat.

Und ich denke, unser Josef Schnelldorfer wird sein Schäfersein auch jetzt nicht ganz verleugnen können, wo er bei Gott ist. Und er wird auch sein Winzingen nicht ganz vergessen. Er wird herunterschauen auf all die zurückgebliebenen Lämmer und Böcke und Schafe und Hammel und Schafsköpfe, und er wird wie in seinem Erdenleben, so auch weiterhin ganz im Verborgenen mitsorgen, daß der Herr ihr Hirt bleibt, und daß ihnen nichts fehlen wird.

Nur die Liebe sieht richtig

16. Mai 1982, Predigt zum 6. Sonntag der Osterzeit/B

Wenn zwei Menschen, die eng zusammenleben, einen Streit miteinander haben und verstimmt sind, dann kann es geschehen, daß dem einen alles, restlos alles am andern auf die Nerven geht: die Art, wie er die Tür zumacht, wie er sich in den Sessel fallen läßt, wie er telefoniert, wie er mit den Kindern umgeht, wie er die Nase putzt, wie er einen Schritt vor den andern setzt. Über jede seiner Regungen könnte man sich kaputtärgern, und am liebsten würde man davonlaufen, um ihn nie mehr zu sehen. Er kommt einem vor wie eine unerträgliche Last, wie die konzentrierte Ansammlung all der Dinge, die einen auf die Palme bringen.

Wir kennen aber auch die umgekehrte Erfahrung: Wenn zwei Menschen einander gern haben, ja – wie wir sagen –, wenn zwei einen Narren aneinander gefressen haben, dann geschieht es, daß den einen alles, restlos alles am andern entzückt: seine banalsten Äußerungen kommen ihm wie Offenbarungen vor, seine unscheinbarsten Regungen wirken originell, selbst seine Narrheiten sind köstlich; alles, was er tut, wie er sich bewegt, ist von einmaliger Anmut und Liebenswürdigkeit.

Das Merkwürdige dabei ist, daß wir beides – völliges Abgestoßensein und totales Hingerissensein – gegenüber ein und demselben Menschen empfinden können, ohne daß er sich in sich ändert. Einmal kann er uns nichts als Last bedeuten, ein andermal nichts als Freude – obwohl er immer der gleiche bleibt. Was sich dabei nur ändert, ist unsere Stimmung, unsere innere Verfassung, unser Herz.

Tatsächlich – von unserem eigenen *Herzen* hängt es ab, wie der andere auf uns wirkt, ja wie die ganze Welt auf uns wirkt. Wenn wir in einer Depression brüten, kann die Sonne noch so strahlen und wärmen, können alle Vögel singen und alle Bäume blühen und alle Menschen lachen – es macht uns nicht froh, sondern tut uns eher noch weh oder reizt uns zum Ärger. Und umgekehrt: wenn wir im Jubel einer Freude oder einer Liebe schwimmen, können die Wolken noch so düster und tief hängen und kann alles um uns herum in Trübsal und Trostlosigkeit dahinwelken: das kann uns nicht den Mut rauben, sondern wir können darin wie ein Licht der Hoffnung leuchten und die Wolken vertreiben.

Auf unser *Herz* also kommt es an, wie uns die Welt und die Menschen begegnen, wie wir sie wahrnehmen und empfinden. „Man sieht nur mit dem Herzen gut", heißt es im „Kleinen Prinz" von A. de Saint-Exupéry. Mehr noch: Man sieht nur mit einem guten, mit einem liebenden Herzen gut. Ein böses Herz, ein liebloses Herz ist wie ein Radio- oder Fernsehgerät ohne Strom: es empfängt nichts und strahlt nichts aus.

In der Lesung, die wir gehört haben, hat der Apostel Johannes diese Wahrheit so ausgedrückt: „Wer nicht liebt, hat Gott nicht erkannt; denn Gott ist Liebe." (1 Joh 4,8). Die Liebe, und nur die Liebe, ist also die Wellenlänge, der Sender, den wir einstellen müssen, wenn wir etwas von Gott, ja wenn wir Gott selbst erkennen wollen. Ohne die Liebe können wir endlos grübeln und zappeln – wir bleiben Gefangene unseres eigenen Ich, bleiben einsam und unerlöst. Der heilige Paulus sagt: „Wenn ich meine ganze Habe verschenkte, und wenn ich meinen Leib dem Feuer übergäbe, hätte aber die Liebe nicht, so nützte es mir nichts" (1 Kor 13,3).

Allerdings scheint es heutzutage kaum notwendig zu sein, eine Werbepredigt für die *Liebe* zu halten. Welcher Mensch würde sie nicht von ganz allein suchen? Ist sie nicht das ständige Thema, das aus allen Medien sprudelt, beschrieben, besungen, verherrlicht, verkauft, als Köder benützt? Ja – *Liebe* ist ein recht abgegriffenes Wort geworden, ein mißbrauchtes und ausgelaugtes. Und doch kommen wir davon nicht los, dürfen, können davon nicht loskommen. Wenn wir das Wort „Liebe" hier im Gottesdienst, in der Predigt in den Mund nehmen, dann deshalb, um es wieder zu füllen mit seinem vollen Inhalt, mit seiner lebendigen Wirklichkeit, damit es nicht eine leere Formel, eine tote Hülse ist, sondern damit es *Frucht* bringt, eine Frucht, die *bleibt.* Das allerdings scheint heute bitter notwendig, ja es ist unser sehr aktueller Auftrag als Christen: die *Liebe* wieder voll und ganz als *das* zu leben, was sie wirklich ist, nämlich *mehr* als ein sentimentales Gefühl, *mehr* als die Selbstbefriedigung von wehleidigen, egoistischen Menschen. Liebe ist Hingabe seiner selbst, ist ein Hergeben des eigenen Lebens: „Es gibt keine größere Liebe als die, wenn einer sein Leben gibt für seine Freunde" (Joh 15,13), sagt uns Jesus heute im Evangelium. Und er sagt uns weiter – wir feiern das hier in jeder heiligen Messe, lassen es jedesmal neu an uns wahr werden –, daß *er* sein Leben schon für uns hingegeben *hat,* und daß wir schon immer, seit wir auf dieser Welt sind, *geliebte,* von ihm geliebte Menschen sind. Die Liebe Gottes ist das Element, in das hinein wir bei unserer Taufe versenkt werden. „Wie mich der Vater geliebt hat, so habe auch ich euch geliebt: *bleibt* in meiner Liebe" (Joh 15,9).

Wir sind auf diese Erde gesetzt, um immer besser das Organ für diese Liebe, die uns umgibt, zu entwickeln, und um immer besser aus dieser Liebe zu leben. „Ich bin von Gott geliebt" – das darf sich jeder von uns täglich, stündlich sagen. Gott sieht mich immer mit seinem Herzen, Gott sieht mich immer mit den Augen der Liebe. Darum legt er mir auch noch meine Dummheiten so vorteilhaft wie möglich aus.

„Ich bin von Gott geliebt" – wenn uns diese Überzeugung, dieses Gefühl in Fleisch und Blut übergehen würde, wenn das zu unserem umfassenden Lebensgefühl würde – dann würden wir auftauen aus all unseren Ängsten und Verkrampfungen, dann wären wir endlich erlöste, gelöste Menschen, Menschen der Liebe.

Mündig werden

30. Mai 1982, Predigt zu Pfingsten

Am Pfingstfest sollte eigentlich keine Predigt gehalten werden. Das heißt, da sollte weniger über den Sinn dieses Festes gesprochen werden, sondern da sollten alle selbst gepackt und erfüllt werden, wie wir es aus der Apostelgeschichte gehört haben: „*Alle* wurden mit heiligem Geist erfüllt und begannen in fremden Zungen zu reden, wie der Geist ihnen zu verkünden eingab" (Apg 2,4). Das entspricht einer Verheißung beim Propheten Jeremia, wo Gott angekündigt hat: „Ich werde einen neuen Bund mit meinem Volk schließen. Ich lege meine Gesetze in ihr Inneres hinein und schreibe sie ihnen in ihr Herz. Keiner braucht dann mehr seinen Mitbürger und keiner seinen Bruder belehren und zu ihm sagen: Erkenne den Herrn. Denn sie alle, klein und groß, werden mich erkennen" (Jer 8,10–12).

Damit ist also gemeint, daß *jeder* vom Geist Gottes Beschenkte eine eigene, unmittelbare Beziehung zu Gott erfährt und nicht ständig von anderen abhängig zu sein braucht. „Wenn der Geist kommt, werdet ihr mich nichts mehr fragen" (Joh 16,23), sagt Jesus selbst zu seinen Jüngern.

Immerhin: unser Bericht aus der Apostelgeschichte sagt, daß das Pfingstfest das Fest des *Redens* sei, des Redens für *alle.* Leider haben wir das noch nicht genug eingeübt – und nicht bloß wir hier in Winzingen, sondern allgemein in der Kirche –, und deshalb muß ich heute trotzdem vorne stehen und reden – für Sie alle. Ich will aber nur von dem reden, was in Ihnen selbst, aus Ihnen selbst redet, wenn Sie recht hinhören. Darin besteht ja zutiefst die Aufgabe des Priesters: er soll den Menschen helfen, zu hören, was Gott ihnen selbst sagt, was der Geist in ihnen spricht, bis sie so hellhörig, so reif, so mündig werden, daß sie das selbst sagen können.

Das Wort „mündig" ist abgeleitet vom Wort „Mund". Ein Mündiger ist einer, der es versteht, seinen Mund aufzumachen, und zwar im richtigen

Augenblick für das treffende Wort. Ein Mündiger ist einer, der selbständig Rede und Antwort stehen kann, der keinen Vor-mund mehr braucht, also keinen, der vor ihn hinsteht und für ihn sein Mundwerk betätigt. Vielleicht hat Gott in seiner Vorsehung den heutigen Mangel an Priestern nicht zuletzt deshalb zugelassen, damit alle Christen entdekken, daß sie selbst einen Mund haben: je weniger Vor-münder es gibt, desto unvermeidlicher wird es, daß Sie selbst ihren Mund aufmachen und als mündige Christen sprechen und handeln.

Der Heilige Geist, den wir alle empfangen haben – bei der Taufe, bei der Firmung – schenkt uns grundsätzlich diese Fähigkeit, diese Mündigkeit. „Die sich vom Geist führen lassen, sind Söhne Gottes" (Röm 8,14), sagt der heilige Paulus. Er meint damit erwachsene, mündige Söhne und Töchter, nicht kleine Kinder.

Wir alle haben diesen Geist empfangen. Wir tragen ihn in uns, und wir können ihn auch spüren und in uns reden hören, wenn wir uns bemühen, ihn zu Wort kommen zu lassen. Meistens verschütten wir ihn, löschen ihn fast aus. Doch manchmal erfahren wir ihn. Und an solche Erfahrungen sollten wir uns immer wieder erinnern; wir sollten auf ihnen, mit ihnen weiterbauen.

Wie sieht solche Erfahrung des Heiligen Geistes in unserem eigenen Herzen aus?

Die Predigtzeit reicht nicht aus, um diese Frage gründlich zu beantworten; denn dem müßte man behutsam nachspüren, und das läßt sich nicht mit ein paar Sätzen machen. Aber immerhin, ich will einen Hinweis geben, eine Art Brille oder Hörgerät für den Heiligen Geist im Leben jedes einzelnen.

Heiliger Geist, so hat mir einmal ein erfahrener Mann gesagt, ist immer ein *Ja-Geist.* Das kann man sich gut merken: Der Heilige Geist sagt immer *ja.* Er sagt auch dort *ja,* wo wir Menschen geneigt wären, *nein* zu sagen oder: nie, nie wieder, kommt nicht in Frage, ohne mich, endgültig Schluß, auf keinen Fall, aus, erledigt! Der Heilige Geist sagt nie so: Heiliger Geist ist Ja-Geist. Der Heilige Geist knüpft Zerrissenes wieder an, er sagt ja und bleibt treu, wo es schwer, ja unerträglich ist, er verzeiht mit unendlicher Geduld, er vereinigt, was getrennt war.

Und wenn Sie jetzt nachdenken, liebe Schwestern und Brüder, werden Sie, jeder in seinem eigenen Leben, bestimmt Augenblicke wissen, wo sich dieser Heilige Geist, der Ja-Geist, in Ihnen bemerkbar gemacht hat, wo er in Ihnen gewirkt hat. Das war überall dort, wo Sie aus Liebe ein Ja-Wort gesprochen haben; nicht nur das Ja-Wort am Hochzeitstag – obwohl auch das ein wunderbares, eines der schönsten, ein ganz wichtiges Wort im Heiligen Geist war; sondern auch ein Ja-Wort, wo nach menschlichem Ermessen ein Nein naheliegender gewesen wäre; wo Sie über Ihren eigenen Schatten gesprungen sind und trotz allem *ja* gesagt haben zu einem Menschen, zu einer mißlichen Lage, zu einem Leiden, zu einer Zumutung. In diesem Augenblick hat sich etwas in Ihnen gerührt, und das war der Ja-Geist, der Heilige Geist.

Und Sie spüren: Wenn dieser Geist, dieser Ja-Geist, unser Leben wirklich erfüllen würde, wenn er um sich greifen würde, dann wäre unsere Welt zu retten, dann könnte sie den Frieden finden.

Heiliger Geist ist Ja-Geist. Er ist der Geist der Versöhnung, des Ja zueinander trotz aller Sünden, wie wir im Evangelium gehört haben. Wenn unser Papst in diesen Tagen trotz des Krieges nach England und nach Argentinien fährt, dann deshalb, weil er für diesen Ja-Geist Zeugnis geben möchte, erst recht jetzt, in dieser gespannten Lage. Wenn er trotz zweier Attentate immer wieder in gefährlicher Weise unter die Menschenmengen geht, dann aus diesem Ja-Geist heraus: und wenn ihr mich umbringt – ich sage ja zu euch!

Sie sehen, liebe Schwestern und Brüder, das ist der Geist Jesu, dieser Ja-Geist: Und wenn ihr mich umbringt, und wenn ihr mich kreuzigt, ich sage *ja* zu euch!

Wer sich von diesem Geist führen läßt, der ist mündiger Sohn, mündige Tochter Gottes. Der hat den rechten inneren Sinn, um selbständig in dieser Welt *so* zu sprechen und zu wirken, daß sie gesund wird, daß Friede wird, daß der Ja-Geist sich ausbreitet.

Wir haben ihn alle schon ein ganz klein bißchen, liebe Schwestern und Brüder, aber wir wollen heute zu ihm rufen, daß er uns noch mehr packt, wie wir vorhin schon gesungen haben: „Komm, Heiliger Geist, brich in uns ein – und brich aus uns heraus – mit Deinem Wort und Leben."

Eine kurze Zeit bis zum Wiedersehen

2. Juni 1982, Predigt zum Begräbnis von
Frau Klara Widmann

„Noch kurze Zeit, dann seht ihr mich nicht mehr, und wieder eine kurze Zeit, dann werdet ihr mich sehen. Da sagten einige von seinen Jüngern zueinander: Was meint er damit, wenn er zu uns sagt: Noch kurze Zeit, dann seht ihr mich nicht mehr, und wieder eine kurze Zeit, dann werdet ihr mich sehen? Und was bedeutet: Ich gehe zum Vater? Sie sagten: Was heißt das: eine kurze Zeit? Wir wissen nicht, wovon er redet.

Jesus erkannte, daß sie ihn fragen wollten, und sagte zu ihnen: Ihr macht euch Gedanken darüber, daß ich euch gesagt habe: Noch kurze Zeit, dann seht ihr mich nicht mehr, und wieder eine kurze Zeit, dann werdet ihr mich sehen. Amen, amen, ich sage euch: Ihr werdet weinen und klagen, aber die Welt wird sich freuen; ihr werdet bekümmert sein, aber euer Kummer wird sich in Freude verwandeln. Wenn die Frau gebären soll, ist sie bekümmert, weil ihre Stunde da ist; aber wenn sie das Kind geboren hat, denkt sie nicht mehr an ihre Not über der Freude, daß ein Mensch zur Welt gekommen ist. So seid auch ihr jetzt bekümmert, aber ich werde euch wiedersehen; dann wird euer Herz sich freuen, und niemand nimmt euch eure Freude" (Joh 16, 16–22).

Die Worte dieses Evangeliums werden uns in der Zeit um Christi Himmelfahrt im Gottesdienst vorgelesen. Sie stammen aus den sogenannten „Abschiedsreden" Jesu im Johannesevangelium. Vor seinem Sterben, seiner Auferstehung und seiner Himmelfahrt bereitet Jesus uns in diesen Reden vor auf den Schmerz der Trennung von ihm. Und was wir darin über den Sinn der Trennung von ihm lernen können, das können wir auch fast ganz übernehmen, um den Sinn der Trennung von einem lieben Menschen zu deuten, zu verstehen, im rechten Geist zu tragen.

Wir mußten uns vor einigen Tagen trennen von unserer Frau Klara Widmann, einer lieben Ehefrau, Mutter, Oma, Tante, Bekannten, Mitbürgerin. Und heute betten wir ihren Leib in die Erde. „Noch kurze Zeit, dann seht ihr mich nicht mehr" – diese kurze Zeit ist abgelaufen. Wir sehen sie nicht mehr. Ist diese „kurze Zeit" nicht die Lebenszeit des Menschen überhaupt? Wie schnell sind siebzig Lebensjahre abgelaufen – und unsere liebe Verstorbene beschloß ihr Leben genau an ihrem siebzigsten Geburtstag –, wie schnell sind im Nachhinein die Lebensjahrzehnte einer Ehe abgelaufen!

„... und wieder eine kurze Zeit, dann werdet ihr mich sehen." Diese zweite kurze Zeit steht noch vor uns.

Die abgelaufene „kurze Zeit" war die Lebenszeit unserer Frau Widmann. Die noch zu bestehende „kurze Zeit" ist unsere eigene Lebenszeit.

„... dann werdet ihr mich sehen." Das ist die Verheißung an uns Glaubende: daß wir durch das Tor des Todes hindurch nicht in eine ewige Nacht oder in eine ewige Grabesruhe fallen, sondern daß wir durch dieses Tor hindurch in eine Gemeinschaft hineingehen, die *bleibt.* Ja, unser Glaube sagt uns, der Tod sei eine zweite Geburt. Sie ist mit Wehen begleitet, und wir liegen gerade in diesen Tagen besonders in solchen Wehen, empfinden besonders stark den Schmerz: „Ihr werdet weinen und klagen, aber die Welt wird sich freuen; ihr werdet bekümmert sein, aber euer Kummer wird sich in Freude verwandeln. Wenn die Frau gebären soll, ist sie bekümmert, weil ihre Stunde da ist; aber wenn sie das Kind geboren hat, denkt sie nicht mehr an ihre Not über der Freude, daß ein Mensch zur Welt gekommen ist."

Ich habe Frau Klara Widmann nicht mehr in ihrer aktiven, lebenerfüllten Zeit erlebt, als die Tochter des Adlerwirts mit ihren besonders schönen blauen Augen – das heißt, diese Augen haben auch noch bis vor einigen Wochen auf dem Krankenlager gestrahlt, wenn sie ihre Dankbarkeit bekundet hat für ein liebes Wort, eine hilfreiche Geste. Ich habe sie nicht mehr erlebt als die hingebungsvolle Frau und Mutter, die für die Ihren da war. Ich habe sie nur noch erlebt als die still gewordene Frau, im Sessel zuerst, und dann aufs Sofa gebettet, von ihren Schmerzen gepeinigt. Darum ist mir auch dieses Evangelium für den heutigen Tag gekommen, das so gut auf sie paßt: das Evangelium von der Frau, die gebären soll und die bekümmert, gepeinigt, voller Wehen und Schmerzen ist, weil ihre Stunde da ist.

Sie hat sich in dieser Zeit der Wehen ihrer eigenen neuen Geburt fest an eine andere Schmerzensmutter gehalten und hat in den Nächten, wenn sie nicht schlafen konnte vor Schmerzen, zu ihr gerufen und gebetet: zu Maria, zur Mutter der Barmherzigkeit aus diesem Tal der Tränen. Und in diesen schweren Wochen und Monaten der Wehen ihrer letzten Geburt ist etwas gewachsen, gereift; das konnte man spüren: ein Halt, eine letzte Zuversicht im Glauben, *getragen* zu sein und nicht *allein* zu sein in der allerletzten Not.

Und etwas anderes ist gereift, etwas, das *bleibt* über den Tod hinaus: die Liebe zwischen Mann und Frau Widmann ist auf eine ganz neue Stufe gelangt. Ja, es ist noch einmal auf eine neue Weise wahr geworden, daß Mann und Frau in der Ehe *ein* Fleisch werden: Sie, lieber Herr Widmann, haben die Schmerzen ihrer Frau so gut wie im eigenen Fleisch mitgespürt und mitgetragen. Sie waren ganz eins mit ihr und sind ihr treu geblieben, still, diskret, hilfreich, jeden Tag, jede Nacht nahe. Das war für mich ein eindrucksvolles, bewegendes Zeugnis der Treue zweier Eheleute. Und jetzt sind Sie in gewisser Weise mitgestorben. Eine Hälfte von Ihnen ist Ihnen vorausgegangen – nein, nicht in den Tod, nicht ins Grab, sondern ins Leben. „Noch kurze Zeit, dann werden wir uns wiedersehen!" ruft Ihnen Ihre liebe Frau zu. „Ich bin vorausgegangen, dir eine Wohnung zu bereiten."

Und uns allen ruft sie zu: „Ihr seid jetzt traurig und weint, aber ich werde euch wiedersehen; dann wird unser Herz sich freuen, und niemand kann uns unsere Freude mehr nehmen."

Und der Mann weiß nicht, wie …

13. 6. 1982, Predigt zum 11. Sonntag im Jahreskreis/B

„Jesus sagte: Mit dem Reich Gottes ist es so, wie wenn ein Mann Samen auf seinen Acker sät; dann schläft er und steht wieder auf, es wird Nacht und wird Tag, der Samen keimt und wächst, und der Mann weiß nicht, wie. Die Erde bringt von selbst ihre Frucht, zuerst den Halm, dann die Ähre, dann das volle Korn in der Ähre. Sobald aber die Frucht reif ist, legt er die Sichel an; denn die Zeit der Ernte ist da. Er sagte: Womit sollen wir das Reich Gottes vergleichen, mit welchem Gleichnis sollen wir es beschreiben? Es gleicht einem Senfkorn. Dieses ist das kleinste von allen Samenkörnern, die man in die Erde sät. Ist es aber gesät, dann geht es auf und wird größer als alle anderen Gewächse und treibt große Zweige, so daß in seinem Schatten die Vögel des Himmels nisten können" (Mk 4,26–34).

Über dieses Evangelium kann man im Grunde gar nicht viel sagen. Man sollte es nur anhören oder noch ein paar Mal in Ruhe nachlesen und auf sich wirken lassen. Ein großer Friede und ein grenzenloses Vertrauen strahlen von diesen beiden Gleichnissen aus, vom Mann, der seine Saat ausstreut und dann schläft und wieder aufsteht und es Nacht und wieder Tag werden läßt, und der Same keimt und wächst, und der Mann weiß nicht, wie. Und vom Senfkorn, diesem unscheinbaren Sämchen, aus dem ein großer Baum wird.

Welch ein Gegensatz zu unserer hektischen, gewalttätigen Welt voller Macher und Selbermacher! Welch ein ruhiges Vertrauen in unserer Welt voller Versicherungen und Absicherungen!

Der Mann schläft und steht wieder auf, es wird Nacht und wird Tag, der Same keimt und wächst, und der Mann weiß nicht, wie.

So, liebe Schwestern und Brüder, ist es mit dem Reich Gottes.

So verhält sich Gott. Wie ein geduldiger Gärtner, der seinen Pflanzen Zeit läßt und das Unkraut nicht zu gewalttätig und zu früh herausreißt, und der über Gute wie Böse seinen Regen und seinen Sonnenschein schickt.

Ein Jahr lang durfte ich Ihnen nun ein wenig von diesem Gott erzählen. Ich durfte ein paar ganz kleine Samenkörner ausstreuen und durfte in Ihrer Mitte, im Pfarrhaus mit meinen Brüdern, schlafen und wieder aufstehen. Und wir durften mit ansehen, wie um uns herum ganz von selbst die Erde ihre Frucht brachte, zuerst den Halm, dann die Ähre, dann das volle Korn in der Ähre.

Wir sind reich beschenkt worden von Ihrem Glauben und von Ihrer Liebe in diesem einen Jahr, und wir wissen gar nicht recht, wie wir uns dafür bedanken sollen. So wollen wir einfach die intensivste, die wirksamste aller Danksagungsfeiern miteinander halten, die Eucharistiefeier. Wir wollen allen

Dank *Gott* in die Hände legen, als dem Geber aller guten Gaben für uns selbst und für die anderen.

Und jetzt ist der Tag des Abschieds gekommen. Unserer kleinen Gemeinschaft, die sich im Pfarrhaus kristallisieren sollte, und die eigentlich schon letzten Herbst, und dann am 1. April weiterziehen sollte, war kein rechtes Wachstum geschenkt. Im Augenblick sind wir noch zu zweit, und ich habe schon vor etlichen Wochen von meinen Oberen die Weisung erhalten, Winzingen zu verlassen und diesen Versuch aufzugeben. Für die nächste Zeit werde ich in eines unserer Klöster in den USA geschickt, um dort in weitem Abstand von allem nach dem Willen Gottes für die Zukunft zu fragen. Und heute nachmittag werden wir abreisen.

„... Der Same keimt und wächst, und der Mann weiß nicht, wie."

Man weiß auch nie, *was* für eine Frucht Gott schenkt. *Die* Frucht, die wir gesucht haben, als wir nach Winzingen kamen, nämlich: eine Gemeinschaft zu gründen, ist uns versagt geblieben. Und trotzdem war dieses Jahr in Winzingen kein fruchtloses Jahr. Das ist *Ihnen* zu verdanken, liebe Schwestern und Brüder. So viel Herzlichkeit und Liebe, so viel Hunger und Durst nach dem Wort Gottes, so viel Liebe zum Gebet, so viel Mühen um ein Leben als Christ, so viel Vertrauen: das war ein überreiches Geschenk. Nach insgesamt achtzehn Jahren im Kloster war dies eine wunderbare Erfahrung der Begegnung, der Verbundenheit, des Einsseins mit Ihnen als Schwestern und Brüdern im Glauben und als Lebensgemeinschaft. Und es war ein Geschenk, dieses Jahr abschließen zu dürfen mit dem Fronleichnamsfest, wo wir als Gemeinde betend und singend durch Winzingen gezogen sind, und wo wir als Gemeinde ein frohes Fest gefeiert haben, das uns alle näher zusammengeführt hat.

Ja, und nun muß ich wieder fort von Ihnen. Und ich spüre schon jetzt, daß Sie mir sehr fehlen werden. Wenn man lange Jahre in der Zurückgezogenheit einer kleinen klösterlichen Gemeinschaft gelebt hat, wo einem verhältnismäßig wenig Menschen begegnet sind, prägen sich einem die Gesichter der Menschen besonders stark ein. Und so trage ich Ihrer aller Gesichter mit: Die Gesichter unserer Ministranten, die Gesichter der Kinder, die Gesichter der Jugendlichen, die Gesichter der Frauen und Männer, die Gesichter der alten Menschen. Sie alle sind ganz tief in mein Herz geschrieben, und so bleiben wir miteinander verbunden in *der* Liebe, die von Gott stammt, ja, die Gott selber ist. In diesem Jahr hier unter Ihnen in Winzingen habe ich etwas besser gelernt, was das bedeutet: „Gott ist die Liebe". Und wenn ich zusammenfassen sollte, was ich Ihnen immer wieder auf eine etwas andere Weise in den Predigten sagen wollte, dann wäre es diese Wahrheit: Es gibt jemanden, der uns bedingungslos mag. Es gibt jemanden, der dich und dich und mich *gern* hat und dessen größter Wunsch es ist, daß wir *leben,* und *voll* leben, und *in Freude* leben.

Es gibt einen Vater, es gibt einen *Gott,* der als Sonne liebevoll über uns steht und uns auch nach unseren größten Ausrutschern und Dummheiten liebevoll in die Arme nimmt und uns alles verzeiht.

In der „guten alten Zeit", so hat man mir erzählt, waren die eindrucksvollsten Predigten oft donnernde Himmel- und Höllenpredigten, und die Pfarrer verstanden es, den Leuten gehörig die Meinung zu sagen. Vielen scheint das gefallen zu haben. Ich könnte nicht auf diese Art predigen. Vielleicht ist es eine Schwäche, nicht schimpfen zu können. Dann bin ich gern in dieser Hinsicht schwach. Ich denke mir, und ich habe es selbst erfahren: Das beste Heilmittel, die beste Hilfe für jeden Menschen ist die *Liebe.* Und so möchte ich Ihnen diese Liebe hierlassen, diese Sympathie.

Bitte denken Sie immer wieder daran: Gott ist die Liebe, Gott ist die Sympathie mit uns Menschen in Person. Sagen Sie es sich selbst, sagen Sie es den Menschen, mit denen Sie leben, sagen Sie es Ihren Kindern, sagen Sie es ihnen und lassen Sie es sie spüren: es gibt jemanden, der dich mag, der dich gern hat, der dich leiden kann, wie du bist. Dich *liebt* jemand, und darum darfst du froh leben.

Laßt uns, liebe Schwestern und Brüder, diese Wahrheit immer neu mit unscheinbaren Samenkörnchen in den Grund und Boden von Winzingen senken: Gott ist die Liebe. Dann können wir schlafen und wieder aufstehen, es wird Nacht und wird Tag, der Same keimt und wächst, und wir wissen nicht, wie. Von *selbst* bringt dann unsere Erde ihre Frucht, und das Senfkorn der Liebe geht auf und treibt große Zweige, so daß in seinem Schatten die Vögel des Himmels wohnen können.